成功并不像你想象那么难

郝大维　著

中国商业出版社

图书在版编目（CIP）数据

成功并不像你想象那么难 / 郝大维著. -- 北京：中国商业出版社, 2020.6
ISBN 978-7-5208-1257-3

Ⅰ.①成… Ⅱ.①郝… Ⅲ.①创业—通俗读物 Ⅳ.①F241.4-49

中国版本图书馆CIP数据核字(2020)第170391号

责任编辑：于子豹　袁　娜

中国商业出版社出版发行
010-63180647　　www.c-cbook.com
（100053　北京广安门内报国寺1号）
新华书店经销
福建省天一屏山印务有限公司印刷

787毫米×1092毫米　16开　11.5印张　140千字
2020年6月第1版　2020年6月第1次印刷
定价：48.00元

★★★★
（如有印装质量问题可更换）

这是一个充满了创业激情的年代。《成功并不像你想象那么难》的出版,必将助力无数渴望实现人生梦想的年轻人,打开一扇通往成功的大门。

作者的创业之路,历经峰回路转,磕磕碰碰。《成功并不像你想象那么难》,既是一条让你少走弯路的成功之途,又是一本现代青年创业的实用指南。归纳总结其中的成功原则,共有五大步骤一大系统,如果你愿意按此步骤进行,相信下一个成功者就是你,你必将拥有属于你的一片天地。

目 录

自 序

01. 梦想的力量 / 001

● 最初拥有的只是梦想以及毫无根据的自信,但是,所有的一切,都从这里出发 / 002

● 一切均始于我们决定自己想要成为什么样的人,梦想不抛弃苦心追求的人,只要不停止追求,我们就会沐浴在梦想的光辉之中 / 010

● 唯有不可思议的目标,才能创造不可思议的结果。我们心中不仅要有梦想,还要让自己找到实现梦想的阶梯,只有这样,我们的人生才会变得富足、幸福 / 021

● 成功是结果,目标设定是原因,有了目标,就要不断地去追逐。唯有如此,梦想才有可能实现 / 025

02. 人生路上,谁引领前行很重要 / 035

● 你不要以为机会就像一个到你家里来做客的客人,他在你门前敲着门,等待你开门把他迎接进来。恰恰相反,机会是一件不可捉摸的活宝贝,无影无形,无声无息 / 036

● 榜样决定人生,你的世界取决于你的视界 / 038

● 人生当中所经历的每一件事,所认识的每一个人,都或多或少地会影响到你的人生,有些人的出现只是为了给你上一堂课,然后匆匆离去 / 041

● 成功路上不仅需要贵人相助,更需要小人刺激,没有人会无缘无故地出现在你的生命中,每一个出现的人都值得感恩 / 044

03. 行业决定人生的高度 / 049

● 所有的道路都可以到达成功的目的地，起点可以相同，但人生的终点取决于你选择的路径 / 050

● 与其在别人的池塘里游泳，不如自己挖一个池塘，因为池塘越大，你的收获越大 / 053

● 没有不赚钱的行业，只有赚不到钱的人。但是每个产品都属于时代的产物，只有提供给客户认为有价值的产品，才会让你梦想成真 / 056

● 成为行业的标杆，才有可能赚到钱。一步领先，步步领先 / 059

04. 聚焦，从成功走向成功 / 063

● 很多时候，不是我们想飞就能飞的，更多的时候是看看我们有没有引路人。能否成功，取决于你与谁同行 / 064

● 成功者都是先相信后看到，而普通人则是看到了才相信，先知先觉是领袖，后知后觉是追随者 / 066

● 你要想成为钻石，就要忍受钻石被切割的痛苦，欲戴皇冠必先承其重 / 069

● 没有谁能击垮你，除非你自甘堕落。不拼一把，你怎么知道自己的能力是强还是弱！比你差的人没有放弃，比你强的人仍在努力，你有什么资格说你无能为力 / 072

05. 学会团队合作，不是1+1=2，团队是1+1=11的过程 / 077

● 一个人可以走得更快，但一群人会走得更远！一滴水只有放进大海里才永远不会干涸，一个人只有当他把自己和集体事业融合在一起的时候才最有力量 / 078

● 一个人若想成功，不是组建一个团队，就是加入一个团队！在这个瞬息万变的世界里，单打独斗者的路会越走越窄，只有选择志同道合的伙伴，才会走向成功 / 082

● 没有人会追随一个人，所有人只会共同去追寻一个伟大的梦想，追寻一个伟大的策略 / 090

06. 学会经营，过富足的人生 / 095

● 人生就是经营自我和修行自我的过程，必须明白我此生从哪里来？我要到哪里去？我要怎么去 / 096

● 一个人的沟通力就是领导力，一个人的演说力就是行销力 / 099

● 经营好自己事业的本质就是帮助别人完成梦想，继而帮助自己实现梦想 / 107

● 经营好自己的家庭，学会给孩子做好榜样，教育无它，爱与榜样 / 112

附　录 / 126

后　记 / 165

自 序

我是一位30多岁的年轻人，8年来我的人生发生了巨大的改变。

但我始终没有忘，我来自哪里，我要去哪里。

8年之前我是一个不折不扣的"土鳖"；8年之前，我到成都市工作，超市的售货员曾不屑地讥讽我"瓜娃子"；8年之前，我每天早出晚归，是为了躲避房东向我催缴房租（早上房东还没有起床，晚上房东已入睡）；8年之前，我每天都在为生计发愁，记忆最深的就是因为没有钱，把银行卡里剩余的2块钱去红旗超市刷出来买了 2 个面包；8 年之前，因为身无分文，自己一个人在晚上冒着大雨徒步 10 公里走回住处。

我在创业路上找不到突破口，每天起早贪黑、苦苦挣扎、过着拆东墙补西墙的日子。现在，我是创业者的楷模、一个成功的培训师、畅销书作者，甚至是常被电视台邀请的嘉宾，不知不觉中我已影响了很多人。

在这 8 年的时间里，我经历了很多人没有经历过的人生坎坷，当然这些坎坷，也丰富了我人生的内容和生活的阅历，使自己对人生和命运有了更深的认识，总结我过去 8 年的人生，可以分为三个阶段。

第一阶段：2012 年之前——昨夜西风凋碧树，独上高楼，望尽天涯路。

这个阶段可以说是无知者无畏，虽有着很大的梦想，但没有方法；有过成功，有过失败，浮浮沉沉地过了很长时间。

这个阶段我心里想得最多的就是我要如何，根本没有想过市场需要什么，更没有想过创业究竟是为了什么，心里想得更多的是证明自己。

第二阶段：2012 — 2016 年——衣带渐宽终不悔，为伊消得人憔悴。

这个阶段可以说是诚惶诚恐，小心翼翼。心中不但有一个梦想，而且还有了一个初步的蓝图，知道该做什么不该做什么，一步步通过实践去证明，要的不是大成功，而是小成绩，然后再加以复制。

这个阶段我心里想得最多的是我要如何活下来，市场到底需要我做些什么，到底需要我变成什么样的人。这时候创业想得更多的是如何在市场上立足，没有想过证明什么，只是想能取得一些成绩。

第三阶段：2016 年开始到现在——众里寻他千百度，蓦然回首，那人却在，灯火阑珊处。

这个阶段可以说是迈开步伐向前冲，心中不但有梦想，而且有蓝图，更主要的是有明确的行动计划，知道用什么方法可以达成目标，知道如何用团队的力量而不是用一己之力。

这个阶段我心里想得最多的是如何让团队成员更好地发展，如何帮助团队成员实现目标，如何让顾客和员工的家人因为我们的公司而受益。

到底这 8 年来我做对了什么，让我有了今天的成就？本书将把我获得成功的方法和不为人知的秘诀分享给你们。

01. 梦想的力量

● 最初拥有的只是梦想以及毫无根据的自信,但是,所有的一切,都从这里出发

● 一切均始于我们决定自己想要成为什么样的人,梦想不抛弃苦心追求的人,只要不停止追求,我们就会沐浴在梦想的光辉之中

● 唯有不可思议的目标,才能创造不可思议的结果。我们心中不仅要有梦想,还要让自己找到实现梦想的阶梯,只有这样,我们的人生才会变得富足、幸福

● 成功是结果,目标设定是原因。有了目标,就要不断地去追逐。唯有如此,梦想才有可能实现

●最初拥有的只是梦想以及毫无根据的自信，但是，所有的一切，都从这里出发

很多人没有成功并不是他不能成功，而是他根本没有想过要成功或不知道如何成功。生命当中有很多事情最初拥有的只是梦想以及毫无根据的自信，但是，所有的一切，都从这里出发！

我出生在辽宁省葫芦岛市建昌县的一个小山村，从记事起就知道我的爸爸是全村最勤劳的农民，据说他当年还在杂技团当过团长，但是只是听说，他并没有在我面前展示过气功之类的绝活。我的妈妈是拥有智慧的农村妇女，虽然她只有初中文凭，却非常注重对我和姐姐教育，每天吃饭的时候都会说："你们要好好读书，将来才有可能出人头地，只要你们读书，我们再苦再累也会供你们上学。"可遗憾的是当时的我并不知道为什么要好好学习，学习怎么比得上和小朋友下河捉鱼、玩游戏开心呢！那时候的乐趣就是放学或节假日到山上玩或到田里帮父母的忙，如果你在那个时候问我的梦想是什么，我应该会不好意思地说："长大后我要娶个老婆好好过日子，好好种地，每年都有好收成。"

6岁的时候我当上了"牛官"，爸爸给我买了两头牛，于是我每天早上7点钟，就把牛赶到山上去吃草，晚上6点钟再赶回家。放牛的时候，还要背着一个篓子，捡牛粪，背回家给土地当肥料使用。那个时候，每天最大的乐趣就是和我的两头牛进行对话，日子虽然贫穷，但是很充实。当年在我们村提到我的名字，所有的村民都会竖起大拇指说："这个孩子真懂事，6岁就开始放牛。"

到了上小学的年龄，爸爸要把两头牛卖了凑学费。记得当时收牛的大爷准备把牛拉走的时候，我追在牛的后面哭个不停，两年的相处时光一下子涌了上来。春天牵着它们走过田垄，夏天在河里给它们刷背，秋天赶它们上山背柴，冬天去牛棚帮它们添草料……就要分开了，我心里很不是滋味。爸爸非要卖掉它们，而我又做不了主，那种无奈和难过我到现在还清晰地记得。我把一腔怨愤都撒在了收牛大爷的身上，我用放牛的鞭子抽打他，可是陪伴我两年的大黄牛还是被他牵走了。

爸爸为了安慰我，不知道从哪里给我抓回来两只灰兔子，说："你可以伺候这两只小兔子，这样你也不用天天漫山遍野地跑。每天割点兔草就可以了。"就这样我开始了我的养兔之旅，并把对黄牛的惦念都倾注到了兔子身上。每天我花费一个小时给兔子割兔草，只用了10个月，2只兔子就快速地繁殖到32只了。兔子的繁殖速度是很吓人的，一窝可以生10多只小兔子。养2只兔子时，我割兔草还是很轻松的，但是增加到30多只兔子时，就要割很多的兔草。真是幸福的烦恼。

一天，我和小朋友们在一起玩耍，我灵机一动，说："我们今天进行比赛吧，看看谁是我们当中最厉害的，我下过军棋，里面最厉害的是司令，之后是军长、师长、排长、小兵。今天我们进行割兔草比赛，谁割得最多，谁就是我们的司令，谁割得最少就是小兵。"孩子们当然是乐意比赛的，而且从不服输。从这开始，长达一个月的时间，我每天就只管"封官加爵"，兔草便源源不断地被送来，我暗自开心了好一阵。后来这个游戏被迫停止了，邻居阿姨找我爸爸告状说，他家孩子天天回到家累得都尿炕了，不要玩这个游戏了。我现在想起来觉得很滑稽，也许我的领导力就是那个时候练出来的！

我是在村里读的小学，学校和我家只有一墙之隔，记忆最深的就是每到冬天，每个同学要自己拿一捆柴火扛到学校去。在东北，冬天很冷，农村学校是没有暖气的，学校也只是一排砖瓦平房，因此每间教室内都搭个炉子取暖。每天快中午的时候，老师就把离家比较远的同学的饭盒放在炉子上面。记忆中我们班上总共57名同学，那个时候因为我的个子比较高，可能也是这个原因，老师让我当班长。作为班长，我每天很早去学校为同学生炉子，下午放学后打扫完班级才离开，我从来没有怨言，因为班长必须承担更多责任。

男孩子哪有不淘气的，在上4年级的时候，因为好奇学校瓦房顶里有没有小鸟，我就带领村里的几个孩子，爬到学校的瓦房上一探究竟。我们把房顶掀开一大片，结果鸟没有抓住，我们让学校值班老师给抓住了。后来，被告到校长那里，校长说要罚我们每个人5块钱！我吓惨了。那个年代，那个穷乡僻壤，父母心情好的时候才会给我买根1毛钱的冰棍，5块钱罚款，回家一说，不得被打死啊！我抱着必死的心往家里走，一路走一路怕。

我父亲很严厉，在我的印象里他几乎没有过笑脸，而且在教育上他一直信奉"棍头出孝子，不打不成人"的理念。我在家门口徘徊许久不敢进。那个时候家里住的是塑料帆布搭的棚子，父亲看我一个人在门口久久不进屋，问我咋了，我吓得心提到嗓子眼，磨磨蹭蹭地说了。奇怪的是父亲当时并没有回应，过了几天后的一个早上，我和父亲一起去田里干活，父亲从兜里掏出一张皱皱巴巴的5元人民币。那个时候感觉我父亲还是爱我的，我不敢看父亲的脸，拿着这5块钱飞奔向学校，心里有些高兴又有些愧疚。

在五年级夏天，我每到周末就和小朋友约着去河道洗澡，在大河里泡上半天或者一天才回家。河里泡久了就会感觉饿，我们几个人就捡一些柴火，挖几根红薯，放在火里烤着吃，坐在河道里吃烤红薯是特有成就感的事情。红薯的主人可不这么认为，三番五次被偷了红薯的农民伯伯藏在暗处，把我们抓住了。开学后，校长把我们几个喊到他的办公室，我们一看见那个红薯伯伯心里就怕了，还没等校长发问，我们几个人就主动招了，也不知道那个时候为什么那么怕校长。最后处理结果是，在学校做广播体操的时候，当着全校师生的面，我们上台接受批评。站在台上丢死人了，我第一次尝到了想钻地缝的滋味。

你如果在那个时候问我的梦想是什么，我会说："快点上完小学，早日脱离苦海。"

或许是穷人家的孩子早当家，或许是受家人的影响，我从小就对赚钱有强烈的欲望。有一年春节，听说表哥在他们村里卖雪糕赚了钱，我就拿着父母给的3.8元压岁钱去8公里外雪糕厂批发雪糕来卖，6分钱一根批发回来卖1毛钱。无论在哪里，过年的时候孩子都会得到更多的宠爱，一个寒假我竟然赚到了200多元钱，这算是我人生的第一笔收益。当时的学费是一学期95元，我用了一个寒假就赚到了我和我姐两个人一个学期的学费，这给了我很大的鼓舞。你如果在那个时候问我的梦想是什么，我会告诉你："不用读书，天天卖雪糕。"

初中时期的我没有想着要好好读书，因为根本不知道读书的目的，也没有任何的目标，只认为这是一种"任务"，心里天天想着如何赚钱。结果钱没有赚到，书也没有读好。快要中考了，班主任遗憾地告诉我父亲："高中彻底考不上了，给大维找个中专什么的去念念吧。"而我的父亲很执拗，一定要让我考上高中。

于是，我的父亲去请教体育老师，当年的体育老师叫梅伟民，我到现在都十分感激他，我之所以有现在的成就，都源于梅老师当年对我的认可。父亲请教他，能不能通过走体育特招这条路考上高中，那个时候我感觉父亲是个会变通的人，这条路走不通就换一条路走，我很佩服父亲。那天学校刚刚开完运动会，我100米跑获得年级组第一名，跑200米时肌肉拉伤了。梅老师跟我父亲交代了情况，让我养好伤再练习，走个体育特长生应该没问题。

但是离中考只有一个月了，时间非常紧迫，何况我现在右侧大腿肌肉拉伤，连下地走路都费劲，我内心是怀疑和惶恐的。可是父亲就像抓住了救命稻草一样，每天不辞辛劳地帮我加速肌肉恢复，又是喷云南白药，又是拿热盐敷。也许是我的身体也意识到时间的紧迫，也许是潜意识的渴望发挥了作用，也许是父亲的关怀加速了身体愈合，仅仅过了10天，我就彻底恢复了。

父亲凝重的神情略有放松了，就这样我开始慢慢地恢复训练，梅老师为我设计了针对性的训练，父亲也日日陪伴，每天早上5点起来开始跑步训练，风雨无阻。在这之前，我没有进行过正规的训练，一开始训练跑400米的时候我的体力就跟不上，可是高中体育加试要测试800米，我只能咬牙坚持，必须挺住。在我心中有一种强烈要考上高中的渴望，那是对初中老师预言我一事无成的反抗，是对梅老师看重的回报，更是对父亲关爱的报答。这种强烈的渴望使我拥有了必胜的信念。

就这样我经过了炼狱般的20天集训之后，与爸爸、梅老师坐上班车，到县城的高中进行体育加试。到了高中之后，一位教练找了一位高年级的运动员带我一起热身，我非常清晰地记得，领跑的运动员黑黑壮壮的，肌肉十分结实。比赛即将开始，我内心中有一个声音："一定要成功，即使今天死也要拿到我想要的结果。"我眼前只有自己的跑道，心中只有必胜的信念。

跑完800米，我瘫坐在地上等待着结果，也许那个时候真的是完全激发了潜能，我比平时测试成绩足足提高了20秒。教练看到这个成绩，很是满意，他又测量了我的臂展，说我的臂展比身高要长一些，是个可塑之才。就这样，教练把我收下了，虽然中考文化成绩只考了430分，但我最终以体育特长生的身份考上了高中。

高中将会是一种什么样的生活，我不敢想象。但是那时我内心深处只有一个声音："我必须走出大山，给我父母争口气。"

也许遇到挫折后的人才会冷静下来思考，我利用将近三个月的假期，总结了过去三年的初中生活，开始检讨自己：三年来我没有一天认真努力学习过，不但浪费了家里的钱，而且还浪费了自己的好时光。

有人说有思考才有行动。在那个暑假里我像变了一个人似的，天天在家里如饥似渴地看书。当时真的看了好多书，比整个初中三年所看的书还要多！其中对我影响最大的一本书则是路遥的《人生》。他写道：人生处处充满选择，但影响一个人的往往就在他做决定的那一刻，特别是在一个人年轻的时候。

高中是我长大之后第一次离开家乡，父亲把我送到学校，记忆中父亲是从内裤当中把钱掏了出来去给我交学费。当时我感到有一点儿丢人，又有一点儿心酸。因为过于贫穷，怕把钱弄丢，所以父亲让母亲在内裤上缝一个小布袋把钱藏进去。也许对于现在来讲，花1000多元钱是那么轻松，但是当年对于父亲而言1000多元钱学费是省吃俭用一年的积蓄。多艰难的日子啊！当我把父亲送出了学校门口，望着他的背影，心中有些不舍……人生的不断别离就从此刻开始了。

高中的训练更加严格，由于我是从农村来的，因此和那些县城里的高年级的人在一起训练时，他们故意跑得很快，让我跟不上他们的训练节奏。可是心里的要强总是在较劲，我强行加码训练导致大腿和小腿不断地受伤。一学期下来，也没怎么参加训练，总是在养伤，后来我就懈怠了。其实现在回想起来那个时候本身自己信念也不是很强，只要跑不动就要放弃。到最后一学期结束的时候，1500米测试，差点被女孩子超过去。教练非常失望，让我转文化生，不要练体育。我带着委屈和辛酸放假了。

回到家见到母亲第一眼，我就抑制不住自己的委屈趴在母亲的怀里哭了，并不是我不想好好训练，小腿、跟腱经常受伤，但是没人理解我，所有人只看结果。妈妈用无比温柔的眼神看着我，说："儿子，到了这个阶段了，你要转文化生能行吗？"其实我已经半年没好好学习了，那个时候我文化课的名次已经掉到了班级后10名，我知道自己除了练体育别无选择，所以对着母亲摇摇头。

母亲说："再尝试一次吧，别留遗憾。"母亲是全世界最爱孩子的人，不管孩子行与不行，全天下的母亲都相信自己的孩子是可以的。我也知道自己被逼上了绝路，必须要坚持走下去，如果我想把这条路走通，就必须付出更多。

从做了这个决定开始，寒假里我每天早上6点就一个人往山上跑，增强自己的大腿肌肉力量，每天跑10公里山路。东北的冬天是很冷的，每次跑完回来，头顶上都结一层白霜。一个月的时间里，从开始的跑不下来，一点点克服，到最后越来越熟练。回到学校我也坚持着，其他同学才刚刚起床，我就已经晨跑回来了。教练在带队训练的时候，所有安排的训练科目我都能全部完成，我知道体育生涯终于开始……

高二的时候，我的800米成绩始终保持学校第一名的纪录。也许是忘乎所以，也许是命运安排，因为和同学发生了口角，心中不平，我把对方揍了一顿，校长知道后，把我喊到教练办公室站了一天，校领导开会研究处分决定。下午4点钟教练告诉我，学校决定要开除我，这样的决定无异于晴天霹雳。我真的知道错了，却没有力量挽回，我打电话把这个消息告诉了父亲，本以为父亲会大骂我一顿，因为我从小跟父亲沟通很少，他给我的印象就是严厉、打人很疼。

但没想到，那一刻父亲听到这个消息很镇静，告诉我明天会来学校。挂断电话之后，内心的愧疚快把我淹没了，我不但辜负了父母的期望，而且在父母最忙的秋收季节，让父亲放下农活来给我收拾烂摊子。我一个人在体育训练室哭了很久很久……后来我才知道母亲得知这个消息后哭了一个晚上。

第二天父亲来到学校，并没有责骂我，反而安慰我说："儿子没事，我们换个学校。"就这句话让我记住了一辈子，父亲越是这样，我就越愧疚。父亲恳求教练帮忙，教练辗转关系找到另一所高中的体育老师，极力推荐说我是个好苗子，在一番测试之后，那所高中决定收下我，但是普通班不行，要到复习班。于是，本应该开始正常高三生活的我，直接晋级到复习班了。复习班进度很快，像我这种学习成绩不是很好的，连普通班都跟不上，到这里就更别提了，所以每天除了训练，就是在班级混日子。

一转眼就快要高考了，体育加试，也是一段很难忘的记忆。在训练中腰部经常受伤，腰部力量下降非常厉害，当时去诊所看过很多次，因为医疗条件非常有限，当地医生说我肾虚，又是针灸，又是喝汤药，前前后后几个月也不见好，还是后来去沈阳加试完检查身体才知道是腰椎间盘突出。当然这都是后话，体育加试做热身运动的时候，我不小心摔倒在跑道上，当时左胳膊就不敢动了，恰好这个时候发令员喊出："各就各位！"我也不管什么疼不疼的，咬着牙开始测试，自然成绩很不理想。

晚上回到住的地方，我胳膊依旧无法动弹，想着明天还有篮球加试，我不得不去医院检查。当医生说出是骨裂的时候，我真的感觉天都要塌下来了，为什么老天爷如此对我，我是多么不容易走上高考之路，要就此断送我的希望和梦想吗？我不知道那个晚上是怎么睡着的，但是第二天早上起来我对自己说："拼一下吧，就靠右手这一只手，如果篮球能过，就继续测试下去，如果不过，就再战一年。"没想到篮球加试折返跑训练，我靠着一只右手竟然加试成绩满分，就这样，我靠着一只手完成了接下来的所有测试……我尽力了，但是感觉考上大学无望……

体育加试回来开始准备还有两个月就要进行的高考文化课考试，因为体育加试给了我很大的打击，这两个月过得浑浑噩噩，不知道人生的出路在哪里。走出高考的考场，我真的没有信心了。到了填志愿的时候，我想既然省内高校考不上，干脆把志愿报远点儿吧，其实在这里非常感谢我的师兄，他叫赵斌，是他给我推荐了四川的学校，第一志愿是成都理工，第二志愿是西南石油，第三志愿是四川师范。

也许那个时候就为我今天所讲的"时空角理念"的诞生埋下了伏笔，我们要学会换空间，这个空间不行，就换个空间。两个月后的一天下午，教练给我打电话兴奋地告诉我，说我被成都理工大学录取了！我飞奔回家，第一时间将好消息告诉了爸爸，他激动得不知所措，趴在我70多岁的奶奶的怀里哭了很久，也许是如愿以偿，也许是大喜过望，那次是我记忆中父亲最激动的一次，因为我是我们村第一个考上本科的大学生。

你如果在那个时候问我的梦想是什么，我会告诉你："我要赶快挣钱，孝顺我的父母。"

成功并不像你想象那么难

● 一切均始于我们决定自己想要成为什么样的人，梦想不抛弃苦心追求的人，只要不停止追求，我们就会沐浴在梦想的光辉之中

如果我们的人生还没有发生巨大的改变，那一定是因为我们还没有找到人生的榜样，不清楚我们将何去何从，当我们找到心中的榜样，就有了奋斗的目标和前进的动力。

为什么我大学的时候对于金钱那么渴望呢？在我身上发生过一个真实的故事。刚到成都的时候，我利用周末的时间勤工俭学，当时接到一个兼职：在十字路口，在红灯停车的间隙时间，给每个车主窗户里面塞一张上面印有开发票信息的小卡片，每发出去一张将会得到一角钱的提成。每次在课堂上给学员分享我这段人生经历的时候，我都会潸然泪下，即使现在写出来，我也是红着眼圈。那是一个炎热的下午，一点钟左右，我为了能够在短短的几十秒的停车时间内发出更多卡片，便跑步到每个车前给司机鞠躬致意，不然人家不会打开车窗收你的卡片，我心里只想着赶快发出卡片。

一不留神，被一辆刚刚启动的奔驰车撞翻在地上。由于剧烈的疼痛，我躺在地上咬着牙，疼得发出"哎呀哎呀"的声音，车上的女司机跑下来，我本以为她会安慰我，没想到她骂了我一通。因为初到成都，很多四川话还听不太懂，但是其中一句话我一辈子都忘不了，她说："碰瓷嗦，老子给你钱！"随后从她那个LV包包里面拿出5张100元的人民币甩在我脸上。

我还没缓过神，她已经踩油门离开了。周围的车不停按着喇叭，我赶紧收拾了地上的钱和卡片，一瘸一拐地躲到马路边上。看着手里的500元钱和一堆小卡片，心里一阵一阵地疼，我眼含泪花地对着天空说："老天爷，你记着，只要你

让我有一口气，我就一定活出个人样。"那件事彻底激发了我，也许没有那件事，就不会有我今天的成就。

真正让我产生追逐成功动力的，是我无意中看到励志大师尼克·胡哲的《你应该如何掌控你的人生》，我被视频中的画面所震撼，我紧盯着被翻译过来的文字，当时他说："如果你感觉到你现在不自信，那请你看看我，我没有健全的大腿，出生的时候就只有一个小鸡腿，没有双手，唯一有的就是一张嘴巴，但这并不妨碍我去跳水、开车、游泳。如果你是一个健全的人，你有什么资格不成功！"

后来我查阅了他所有的资料，我被深深地震撼了，我打算去听尼克·胡哲的现场演讲，刚好那年在成都双流体育中心有场演讲，但是门票要2800元，对于一个才上大一的我，每月只有400元生活费，这可是一笔巨额开销。我不好意思找家里要钱，我知道家里也没钱，后来我问自己，如果我听了他的演讲，会不会改变我的人生，我内心告诉自己，一定会的。所以我果断地申请了两张信用卡，买了一张门票。我认为我一辈子做的最英明的决定，就是听尼克·胡哲的演讲，自此，我的思维发生了很大的转变，我的人生也开始有实质性的改变。

他在演说中说："你的每一次付出，都叫成功，即使失败，也叫成功，因为你积累了人生经验，人生最重要的是付出的过程。"听完他的演讲，让我对人生开始乐观起来，渴望自己拥有辉煌的人生。后来通过做几份兼职，很快就把2800元的信用卡还上了，虽然工作很累，但是我想说的是——人生中有很多时候，听到别人的一句良言可能让我们少走十年弯路。

人生的精彩程度，取决于我们体验过什么，我们的思维就是我们的宇宙，我们的行走轨迹，就是我们的人生半径。我们的人生改变，取决于我们听谁给我们分享了什么。人生，有的时候，走出去，世界就在我们的眼前，走不出去，眼前就是我们的世界。

大学二年级时，我遇到了一个超级优秀的校友，他是我的师兄，学校户外协会的会长。无论是户外探险还是上台演讲，他都很专业，我发现他在学校的影响力非常大，不管老师还是同学，几乎每个人都认识他，而且他身边的朋友也都非常优秀。

我心想，要是我能成为像他一样的人那该有多好呀！当我得知他创办了学校的户外协会，并正在征集会员时，我就毫不犹豫地申请加入了。当时其他的社团入会费每人只要40元，而他的户外协会的入会费却是每人120元，而且还要买一套户外装备，有很多同学说我疯了，生活都有困难还去参加一个这样的协会，但我很清楚我要的是什么，要成为什么样的人。我决定不管付出多大的代价也要和这样的人站在一起。

我非常感谢当时的师兄——陈晨，他对我的影响很大，以前我看到陌生人就要躲，但他每次老远看到我时，就会喊出我的名字，让我感觉非常的亲切，也增加了我的自信，让我感觉到原来我也是受欢迎的。

他的一些话我至今还记得，他说："这个世界上很多人都是被动的，如果你采取主动就一定比较容易成功。就像打招呼这么简单的事情，如果在路上碰到了，你不主动和别人打招呼，别人也不会主动跟你打招呼，这样你的朋友就少了。但如果你能主动地跨出一步，别人也会很乐意回应你。"

正是在他的激励下，我慢慢地学会了如何建立人际关系。

和他在一起，我每天都有很大的收获，自己也积极努力融入他及他的朋友圈。因为我的勤奋，他和他的朋友对我的印象都很好，会主动地教我一些东西。这也让我慢慢建立了自信，我开始感觉如果我和他们一样，也可以取得成功。就这样，在我的努力之下，一年后我竟然开始主动推销业务了。

汶川地震以后，四川为了刺激旅游发行了熊猫金卡和熊猫银卡，银卡是本地人办理的，金卡是外地人办理的，只要外地人拿身份证来办了这个卡，就可以去四川的10个名胜景区免门票旅游参观。其实自己去申请这个卡的话只需要1元钱，相当于1元钱抵10个景区的门票啊，多划算！我认为是商机，开学季有很多新生报到，外地学生既不了解情况、又不熟悉路线，如果我能把这个卡卖给新生，是不是会从中间小赚一笔呢？我大胆地去尝试，通过同学的朋友关系，找到了能批发熊猫金卡的途径，一次拿200张，一张2元。

我毫不犹豫地把父母给的生活费，全部买卡，买完这些卡，我必须快速出手卖掉，但是我从来没有正式推销过，就算小的时候在村里卖雪糕，都是熟悉的小朋友。这批卡要卖出去，必须要卖给外地的新生，都是陌生人，怎么推销呢？我犹豫了一天，晚上7点钟，终于鼓足了勇气，跑到新生宿舍去做上门推销。记得人生第一次推销，紧张得要命，害怕被拒绝，在第一个寝室门口犹豫了很久，估计心跳加速到180次了。我硬着头皮走进了宿舍，没想到，新生对熊猫金卡很感兴趣。他们也是头一次来四川，人生地不熟的，正好想去四川的景区走走，我又是他们师兄，给他们提供了很多关于路线、包车的建议，我们聊得非常愉快，最后我把卡以每张10元的价格卖给了他们。

我就这样积累了成功的经验。我从第一个寝室出来后，感觉非常轻松，也更加自信了，因为我的产品有益于他们，还帮他们省去了坐车、排队、登记等麻烦，买到就是赚到。我乘胜追击，在新生寝室挨个推销，不出所料，带出来的卡全部卖出，还有没买到要跟我预订的。我回到寝室算钱，整整挣了800元，激动得一晚上没有睡着，这是人生第一次挣800元钱，相当于父亲种2亩地的钱。那一刻起，我爱上了推销，也为我今后从事销售工作打下了坚实的基础。那次卖卡前后赚了将近5000块钱，相当于我一学期的学费。从那开始到大学毕业，我再也没找家里要过一分钱。

大三的时候，由于工作的需要，我开始步入社会开阔视野，这让我在组织能力及胆量方面都有很大的提升。每年学校各个社团都会做一些团建活动，我正好用我的优势为同学提供这样的服务，为他们提供方便。

最开始我的信念就是：我是农村出来的，我一定不能再回去，甚至连我们的那个县城我都不想回去。所以在大学期间我就想尽一切办法去学本领。正巧大学师兄介绍我去做社会兼职，而这次兼职让我后来的人生裨益良多。师兄说出去做助教一天管吃管住，每天给100元钱，其实那个时候我哪管什么挣不挣钱，只要有人带我见识一下，我都十分乐意，所以就跟着去了。其实工作很简单，就是给培训师打下手，服务培训师。

我那时候感觉培训师是个很酷的职业，在台上潇洒自如，面对众人侃侃而谈，于是在我心中有个梦想升起，我想我一定会登上更高的舞台。人生路上的任何一颗种子生根发芽，都需要找到合适的土壤。为了跟那些培训师处好关系，我主动跑到商店去给他们每人买盒香烟，当时共有6个培训师，我用不多的零花钱给每人买了一盒中华烟，悄悄地送给了每个人。就这样，我把他们每个人的电话都留了下来，同时我对他们说："以后有机会喊小弟一声，兄弟可以不要钱，只要管吃管住就行。"

我以为人生就此开挂，会不断地有人喊我去做助教，没想到，两个多月过去了，我没有接到一个电话，那个时候才知道付出不一定就会得到回报。一天晚上9点左右，我的电话响起了。

"是郝大维吗？"

"我是，你是哪位？"

"原来我们在培训现场见过，我叫刘明。"

"哦，想起来了，刘老师您好。"

"明天能给我做一天助教吗？"

我想都没想就答应下来了，因为机会对我来说太重要了。从这次开始，我当助教的次数也越来越多，由于历练得多了，我在学校里面也开始慢慢地做一些销售业务，在学校里帮社团组织团建活动，赚取更多的生活费用。

那个时候，学校里面有50~60个社团，一个社团我帮他们组织一天，收他们组织活动费500~800元，一学期下来也算是小赚了一笔。那个学期结束的时候，我去电脑城用自己兼职的钱买了人生的第一台电脑。就从那时开始，我对做生意有很浓烈的兴趣，我喜欢挣钱的感觉。到毕业时，我的存折里居然还有10多万元的存款，这算是我人生中第一笔资金。

记得最暴利的一次生意，是我在大三时和师兄合伙，拿下了一所大学户外攀岩修复的工程。那个时候由于在社会上认识一位哥哥，就拿他公司的合同接下了这个业务，这个工程签下来将近20万元，对方前期预付8万元，我们拿来做了启动资金，我联系了一些学生按照我请的专业师傅的指导在工地上干活。学生帮我刷油漆，一天100元钱，但是在社会上找工人，他们按量算，一天都要500～800元，所以为了省钱，只有找师弟。

说起来，人生的际遇就是很神奇，我现在的好兄弟任鹏，就结缘于那个时候。他穿一身阿迪达斯运动装给我刷了一天油漆，还没找我要工钱，我感觉这个兄弟很靠谱。最难的活是刷洗攀岩墙，由于找不到专业的工人，只有我自己系着保护绳在15米的空中，一点点地拿着水桶刷洗墙面。那个时候我告诉自己，以后再也不干这样的活了，太危险了，简直是拿命在挣钱。辛辛苦苦近20天，终于顺利交工。就这样，我在大学的中期就赚了10多万元。

这些经历都是我人生最重要的资产，给了我无限的信心和勇气，所以在后来的人生中无论遇到多大的困难和挑战，我都能积极面对。我相信，只要我肯付出劳动，就可以赚到钱养活自己，就可以在社会上站稳脚跟。

大学四年给我留下了一生受用的财富。我在学校期间养成了一个好习惯，整整两年时间，每天早上我都会坚持去健身房训练，这为我以后的创业提供了良好的基础——强健的体魄和坚定的意志。

在校园时期锻炼出来的销售能力，绝对是我人生最大的财富。毕业前夕，有位老师介绍我去当体育老师，算起来工资很不错。但那时我的想法已经开始改变，我不安于平庸，我想我应该去从事销售方面的工作，因为我听说超过90%以上的老板都是从销售员做起，虽然具有挑战性，但收入却可以凭自己的努力来提高，成功的机会也比较大。如果我这么年轻就待在学校里面安于现状，虽然工资稳定，没有风险，但这不是我想要的人生。

记得大三暑假的时候，所有同学都回家了，我因为路途遥远，要坐将近50个小时的火车先到市里，到市里后还要坐车到我们县城，到县城后，还要再坐一个小时的汽车回到我的家，所以干脆不回去了。我打电话给母亲，说想考驾照。母亲是典型的农村妇女，思想保守，她说："你现在连车都没有，而且要交1200

块钱报名费，再说你啥时候能买得起车呀，等你啥时候有车了，再去考吧。"

母亲的话没有拦住我，因为我内心坚信我一定能买得起汽车。那个时候电子科大游泳池暑假对外开放，招聘游泳救生员，因为小时候天天到河道游泳，以几次差点淹死的代价练就了还不错的游泳技术，所以我去应聘的时候直接被录取了。工作很简单，每天下午2点到晚上9点30，在游泳池固定点位或者巡视准备救援，一个月2200元。

本身我就是一个闲不住的人，让我一直坐在太阳伞下面，最开始几天很难受，后来我跟管理游泳池的老师相处得不错，所以我不仅做救生员，还利用上午的时间教小朋友游泳。一个暑假下来足足挣到了8000多元，暑假结束后，我第一时间就去驾校报名了。

临近毕业，我一个人在宿舍里收拾东西，很偶然，在我同学的枕头边看到了一本转变我人生的书——拿破仑·希尔的《一生的财富》。

这么多年，我看过很多的书籍，见过无数的人，听过很多场演讲会，参加过很多次的培训。我不敢肯定到底是因为学到了什么让我有了今天的成就，但可以肯定的是拿破仑·希尔的《一生的财富》对我的影响是最大的，如果不是因为这本书，我今天不知将会在何处。

人生有很多偶然，但这些偶然又往往注定了必然。

这本书中的"往下三尺有黄金"的故事，深深地触动了我。现在我将这段原文抄录下来，与大家分享。

在西方淘金之风正热的时候，达比有个伯父也迷上了"淘金"，他只身跑到西部去挖金矿，希望实现他的发财梦。他到达那里后，就请领了一块土地，拿着铁锹和十字镐，动手开挖。苦干实干好几个礼拜后，他发现了金灿灿的金砂，颇有收获，但他没有机器把矿砂弄上地面，便不声不响地埋了矿，回到他的家乡马里兰州的威廉斯堡，把他的发现告诉了亲友，并集资购买了机器。

达比也跟着伯父去挖矿。挖出来的第一车矿石送到了冶金场提炼，结果证明他们挖到的是科罗拉多最丰富的矿藏之一。只要再多挖上几车的矿石，他们就可以清偿所有的债务，之后就可以轻松赚取利润了。

挖金的矿钻往下钻，送上来的是这群人的希望，但是挖着挖着却大事不妙了，矿脉突然间踪迹尽失，矿藏已不在。他们不停地钻，拼死拼活想重拾矿脉，结果却徒劳无功。

最后，他们无奈地放弃了挖掘，并把器材以区区数百元的价格卖给了一个旧货商，然后搭火车回家。

接下来的故事是，这个旧货商邀请了一位开矿工程师去看矿坑，做实地的地质测量。结果发现，原计划之所以失败是因为矿主不熟悉"断层线"。据工程师的推断，矿脉就在"断层线下方三英尺"。结果，矿脉果真就不偏不倚地在地下三英尺处。这位旧货商因此从该矿赚取了几百万美金。

这个故事让我深受震撼！心想：这个故事就是我的指引，任何工作前期都需要不停地磨合，也就相当于这"三尺"。任何事情假如我能坚持住，那我可能会有一个很棒的人生和美好的未来。假如我放弃了，到时我可能又会去找另一份工作，然后有可能又吃不了这个苦又放弃，可能会和达比伯父他们一样，一生不会有任何结果。

我结交了很多年龄比我大的哥哥，不知道从什么时候起我喜欢和比我年龄大的人在一起。这些哥哥们看我喜欢学习，觉得我是个上进的人，因而愿意和我分享他们的成功秘诀。有一位忘年交，他告诉我他独创的成功理论：一个人在年轻时要离家越远越好，一个人的成就和他一生所走的半径成正比，给自己画的半径越大成就也就越大，老的时候再回到家，这叫叶落归根。他说他正在一步步实现他的人生梦想。

有一天他告诉我："一个年轻人应该学会原始积累。"

我说："如果有机会我当然想了，但是不知道从哪里开始做起啊？"

他笑着说："你天天都在做各种兼职，现在市场上有的是赚钱的机会，你要把你嗅觉练得更灵敏一些，增加经验。"

我兴奋地说："哇！不会吧，现在还有这么好的事情，请你告诉我如何做？"

他说:"本来我是不会告诉别人的,这是我的成功秘诀。看在你平时给我的印象不错,又很努力,我想要帮你,我也希望你能成功,但你还要多多努力。"

我说:"感谢大哥指教,我一定不会让你失望的。"

他告诉我:"其实市场上每一个地方由于各方面的因素,导致了信息的不对称,因而同种商品在不同地区的价格是不一样的。只要你能掌握住市场的情况,对每个地方的市场动向加以把握,把同种产品从售价低的地方拿到售价高的地方来卖,这样只要你能捕捉住几个机会,就可以赚一笔钱了。而且又不要花太多的体力和精力,这种方法就是简单的贸易。"

这个时候我就在思考,如何捕捉到不对称的信息呢?有一天寝室开"卧谈会",有个同学聊到我们东北特产,他说能不能帮着弄点人参回来,在成都这里买大部分都是人工培育的。没想到他一句话引发了全寝室的赞同,其他三个南方室友也争着跟我说,要让我帮他们弄一点儿东北人参回来。虽然我是东北人,但是我家那穷山沟根本不产人参,最好的人参生长在吉林长白山。

他们还在那里神侃的时候,我的思绪飞速运转,这不就是信息吗?他们既然有需要,那南方的药房也肯定需要。第二天早上,我骑上电动车,到学校附近的药店和药房问他们需要不需要东北产的野生人参,问了几家,老板对我讲的都不是很感兴趣,说看我的样子,不像个做药的,倒像个骗子。

我后来总结了经验:你的外在决定了你的内在,你像不像比你是不是重要十倍。在心灰意冷的时候,我来到最后一个药房,老板个子不高,他说:"如果你能比我现在的供货便宜一些,我可以考虑一下。"我说没问题,其实那个时候我连人参到底什么价格都不知道,只不过小的时候看爷爷的酒坛里放了几根人参而已。就这样一个商业计划开始实施,回到学校之后,我利用学校社团资源,找到了好兄弟罗宝龙,他是黑龙江人,我向他打听人参的产地和价格,他说他舅舅就在吉林搞药材批发。

我突然有一种心潮澎湃的感觉,万事俱备只差启动资金了!因为当时经常和朋友约茶聊天,我的花销也很大,当时除了投资出去的钱,手里只有一点应急钱了。正逢毕业季，我们这个年级的同学基本都出来实习了，学校里也没什么课，我一咬牙一跺脚，拿着仅有的1万块钱，坐上了开往沈阳的火车。当时没有直达快车，我要在沈阳转一趟再到吉林，路上整整用了5天时间。到了吉林，我按照大学兄弟给我的联系方式，找到了他舅舅，来到批发药材的市场。

  我发现普通的人参批发不值钱，最便宜的10多元，好一点的40~50元，我给药店老板打电话，我问他多少钱能要。那个时候我也打听了一下，市面上，批发价到南方是200元一斤，他说给他120元就可以要，我初步算了一下没有问题，还是可以赚到钱的，就这样我把我带的钱全部批发了人参，仅留一点买票的钱，最后坐着硬座回成都了。经过三天两夜70多个小时，我到成都已经是晚上10点了，但是心中想到可以狂赚一笔，疲惫瞬间消失。我回来后不久快递就到了，顺利地交货。就这一笔生意足足挣了将近4万元，我想这个生意可以持续地做，就在那半年时间，我的存款已经有100多万元了。

  有很多人问我如何成为百万富翁，我觉得其实成为百万富翁也不是太难的事情，但最大的障碍就在于我们绝大多数人都有"眼高手低"的毛病，就是大钱赚不了，小钱不想赚，却不知道大钱是小钱累积起来的结果。

  我和大家分享一下成功赚到100万元的思维模式，虽说这个方法很简单，但却是非常地实用，我所有的钱都是用这个思维模式赚到的，如果你愿意按此方法去做，相信你很快就可以实现梦想。

  如果你要赚100万元的话，可以从两个维度来思考，也就是说你可以从两个方面入手，一方面是数量上的提升，一方面是速度上的提升。这二者都需要一个基础，也就是你必须用行之有效的方法才行，因为从0变成1很困难，但从1变成10却很容易，也就是所说的"从成功走向成功"。

  如果我们什么基础都没有，一下子要变成100万元是不太可能的，天上也不会平白无故地掉下100万元到你手上。如果我们以此为标准的话，一方面我们将看不上任何"小钱"，这时候我们就很容易忽视身边的机会；另一方面我们会觉得很难，结果就是带来无尽的挫败感，从而对自己失去信心，最终一事无成。而什么基础都没有的我们，如果把目标定在赚1元钱的话，我们就可以很容易实现，你如果知道了赚到1元钱的方法，然后把这个方法加以复制，重复一次就可以赚到2元，重复10次就可以赚到10元，重复100次又是多少呢？重复100万次呢？这就是所谓的增加数量。

还有一个方法就是提升速度，比如原来用10分钟赚1元钱，现在我们提升效率变成5分钟赚1元钱，那同样的时间我们赚的钱就可以提升两倍。如果我们再不断地提升速度，就可以把赚1元钱的时间优化到只用1秒钟，那么同样花10分钟就能赚到600元钱，由于我们的效率和速度提升，就可能让原来的年收入变成现在的月收入，让原来的月收入变成现在的日收入，让1天的收入变成1小时或1分钟的收入，这样我们的钱就会越来越多了。

这套思维模式是我根据所有成功人士做事的方法以及我这么多年创业的经验总结出来的，你可以按此方法去执行。这样做，不但可以加强我们能成功的信心，而且做起来又非常的轻松容易，在不知不觉中就可以培养出成功的信念，相信赚钱是一件非常容易、简单的事情。如此我们就可以树立钱不难赚的信念，从而拥有成功人士的思想。

我的忠告是：你首先需要消除一夜暴富的思想，赚钱开始于思维模式的转变，如果你没有把你的大目标分割成小目标，然后一个个去实现的话，你就永远活在挫败当中，因为你所想的成为"百万富翁"并不是目标，而是一个遥不可及的梦想。你需要把梦想落实成目标，把目标切割成计划，然后一步步地行动。

●唯有不可思议的目标，才能创造不可思议的结果。我们心中不仅要有梦想，还要让自己找到实现梦想的阶梯，只有这样，我们的人生才会变得富足、幸福

我看过一部名字叫《洛奇》的电影，片中史泰龙扮演的34岁的老拳王洛奇在一次卫冕失败以后萌生了退意，他不再争强好胜，只想与妻子、儿子宁静地享受生活，没有了再打拳的动力。这时候他的好朋友也是前拳王的阿波罗出来鼓励他："嗨，洛奇，你知道你现在缺少的是什么吗？就是你以前战胜我时那双老虎的眼睛，那种渴望胜利的眼神，但是现在这种眼神没有了，我们现在要做的，就是把那双虎眼再找回来！"最终，洛奇在好友的鼓励下重新夺回了拳王宝座，而片中的那首主题曲"老虎的眼睛"也被广为传唱，成了一首经典的励志歌曲。

在我的人生中，曾有一段迷失的日子，那是一段让我回想起来都觉得有点儿不好意思的日子。那段日子源于我在不知不觉中成了"百万富翁"，那是一种从来没有过的感觉，那是一种暴发户的感觉。感觉可以不用看别人眼色了，买东西可以不用看价钱了，吃饭的时候也可以高喊："服务员，买单。"说白了，那是一种虚荣心，那是一种生活在底层被压抑已久的宣泄，更是一种无知的表现，主要是因为没有见过世面，没有更高的追求而产生的一种小丑行为。

虽然我有100多万元的存款，吃上了好东西，但生命中似乎还是有些东西不是很如意：朋友好像越来越多了，可信任的人却越来越少了；想和旧时的同学打电话但又说不出什么东西来；KTV成为每天晚上不可缺少的一部分，喝酒、应酬、醉生梦死是证明自己还活着的方式；应酬成了生意的唯一手段，说着言不由衷的话语，戴着伪善的面具。

正如一本书中所写："现代人的寂寞，不在窗外高挂的月色、不在街前急叩

的雨声，而是只有情节没有情怀的连续剧；现代人的寂寞，不是面对孤灯、听雨打窗棂，缅怀远方的友人、故乡的酸楚，而是在灯红酒绿中用体温互相慰藉的悲凉。"

天天灯红酒绿的日子好像离自己的真实内心越走越远，偶尔睡梦中醒来都会有一种莫名的伤感，想想自己现在已成为"百万富翁"了，两年前所有的梦想好像都已经实现了，我下一个目标在哪里？我不知道。我开始有点儿迷失生活的方向了，感觉自己的内心空落落的，每天除了赚钱还是赚钱，也不再学习了，因为现在只要应酬就可以赚到钱。

毕业半年，终于可以每天睡觉睡到自然醒了，想想自己刚开始时，多赚100元钱都觉得好开心好快乐，但现在赚1万元、10万元钱都没有什么感觉了，不再有往日的兴奋，更谈不上工作的激情了。有一天我在想，难道我就要这样过一生吗？我现在真的很快乐吗？以前一直渴望成功，以为有钱了就会很快乐，但现在好像也不是很快乐，看来钱多钱少也不是决定我们快乐的唯一因素。

有人说：有梦想的人晚上睡不着，没梦想的人白天睡不醒。但那时的我其实也是晚上睡不着（应酬），白天睡不醒（不知起来干啥），我觉得这样不好，但又说不出不好的原因。我想改变现状，但又没有放弃的勇气，慢慢地我沉溺于舒适当中无法自拔。

如果我安于现状、自甘堕落，尽情享受这种生活也就罢了，可我内心深处又有一个声音在告诉我，这样是不对的，必须有所追求。但追求什么呢？身边没有比我更年轻更成功的人，我向谁学习呢？交际圈子太小，信息来源不广，我找不到更好的榜样，所以也没有目标，慢慢地被身边的人所同化。

我发现自己真的不是很喜欢现在的生活，但我又不知道什么样的生活才适合我，下一步我到底要何去何从。每天我都在重复着昨天不喜欢做的事情，但我却从来没有问过我自己，我到底要成为什么样的人，更没有给自己定一个更高远的目标，我想这就是我当初之所以迷失的最大原因吧。

我想我是否该转行了，但转行做什么，我又能做什么呢？我没有答案，因而一拖再拖，人往往就这样，舍不得放弃原有的成就，但对现状又不是很满意。我见过很多老板，当我问他："现在你这行业应该不错吧！"他们都会摇摇头："这行业不好，很难做，赚不到钱，我都想转行呀。"但没有一个老板转行的，他们还是在原来的行业里做得热火朝天。后来我心想，这可能是他们怕别人也进入这个行业，会和他们竞争而采取的方法吧。又或者是他们实在想不到转行后该做什么事，而做的选择吧。

那时的我天天都在网上搜索项目、看杂志、到处参加培训会，每天晚上写项目计划，前后研究分析了几十种行业，但都没有做最终决定，主要是因为我真的不知道我到底要做什么。

偶然的一天，我看了一本《销售与市场》杂志，在封底有一个很吸引人的招商广告——"21世纪最后一个暴利行业——教育培训产业"突然间我好像又被当年那个大学梦所激发，因为我想当培训师的那个梦想已经放在心底很久了。

不知何故，当我看到这个广告时我就很兴奋，感觉这好像就是为我准备的，犹如当年看到拿破仑·希尔的那本书时产生的朦胧想法：以后也去从事像拿破仑·希尔一样的工作，帮助别人成功。但如何做，我不知道。

现在再次让我看到这么具有吸引力的一句话，我心动了，我想这个世界上像我当初一样创业受挫的人应该很多，渴望成功的人也很多。如果能让这些人都学会这些成功的方法，这个市场一定很大，同时一定也会很有意义。因为一个人只有做对社会有贡献的事情，他的人生才会有更大的意义。

我在心底问自己："这不就是你一直在寻找的吗？那还在等什么呢？看来是为你专门准备的，那就马上行动吧！"

出于喜爱，我做了一下简单的分析，如果我要做培训师，那我要从哪里开始做起呢，我就把所有讲师的书籍、人生励志故事找出来翻了一遍，我发现所有成为厉害讲师的人，都是从基础的业务员做起的，所以我必须要找个培训公司，从最基础的业务员做起，但是因为手里还有存款，所以必须把手里的钱全部花掉，所以我想着唯一的方式就是买套房子，因为我相信人生如果没有退路，谁都可以变得卓越,如果给自己留了退路,谁都会变得很平庸,就这样我到处看房子,最后终于把房子买了,一次性交了全款,那个时候,我身无分文的感觉很爽却又很害怕,但为了心中的梦想,可以去挑战一下。而且我应该是大学同班同学中靠自己第一个在成都买房子的人,当时的我感觉好兴奋。

因为看到自己就要叱咤成都的样子,我终于又开始有目标了,虽然我不知道接下来将会何去何从,但我认为我的选择是对的,我所做的事情是有意义的。也许当初的我太狂妄了,认为人世间没有任何挑战,至少我可以克服一切困难,因为我一路都是凭这股信心走过来的,想想当初身无分文创业都能成功,现在至少有那么多经验了,还有什么能难倒我呢?出于一种自信,或者是无知者无畏的态度我选择了打工仔的生活。

其实当我真的准备出发的时候,我常常问自己已经做好充分的准备了吗?如果还没有,那就要先练好自己的羽翼,当羽翼丰满的时候,我才会飞得更远,飞得更高,而不是盲目自信。所以我人生又开启了另外一段旅程。

●成功是结果，目标设定是原因，有了目标，就要不断地去追逐。唯有如此，梦想才有可能实现

2012 年我正式进入培训行业，因为之前认识一个朋友，所以很顺利地就进入到一家培训公司，那个时候感觉一切都是陌生的，新的环境，新的圈子，从最基础的业务员做起，与其说是一家公司，其实也不是很大，就六七个人。很多朋友可能不了解培训行业，像今天的我们这样成规模的培训公司很少，因为培训公司非常难发展，都是夫妻店，好多都是接了一个活，就开始在社会上请兼职的老师，但是这样的生意不会持久。

当然这个也不一定，有的人说去大公司好，有的人说去小公司好，我认为各有利弊。大公司待遇很好，但是大公司只锻炼人的一个能力，所以你发现大公司有很多出来的朋友，他们就只会做一件事情。我有个朋友大学是学财务出身，在大公司待了很多年，出来重新换工作，连财务最基本的能力——做账都不会了，到小公司根本没法胜任工作。我去小公司，是因为我认为机会会更多，而且能更多方面地锻炼我的能力。

但是到了这家公司第一个感觉就是名字不是很专业，起了一朵花的名字，与培训好像没多大关系，所以名字真的很重要，好名字，真的有好运气！我就在那里思考，如果我是这家公司的老板，我会起个什么名字呢？一家公司，最重要的当然是公司的名字，我想必须取一个响亮的好名字。

想了几个都不是很好。有一天，我从新闻上看到有一个叫胖东来的企业家，他办了一家企业是用他名字来命名的，而且在河南做得非常大，企业做得非常成功。记者采访他时，他说："我的人生使命就是让全世界的每一个人都知道在中

国的土地上有一个名叫'东来'的人。"

这个故事一直存在于我内心很多年，我也曾梦想将来能成为一名优秀的民族企业家，为我们国家争光。我灵机一动，心想："不如我就学他，把我大维名字用作公司的名字。"一想到这，我就异常的兴奋。

那时候我每天早出晚归，不管是工作日还是周末，几乎天天在外面见顾客，上班时间去他们公司，周末自己一个人在家里学习教育培训视频，设计培训方案。当时我每天只要没有出去，就感觉心慌，觉得今天没做事情，今天不够努力。

我天天跑来跑去的成效并不大。现在想起来，其实我当时是不敢面对自己，不敢面对现实，是一种逃避的表现。只是给自己增加一个心理安慰，这样我就会觉得今天我努力了，这是一种自欺欺人的行为。如果做事没有成效，宁可不做。

我所在的公司属于小型公司，一切业务开发全部要靠自己，并没有师傅带。我初进入这个圈子，不知道如何开发客户，就像无头苍蝇一样。直到有一天参加一次沙龙活动，认识了一个相对来说比较知名公司的员工，我看他一个人坐在那里一直流汗，因为会场内没有空调，我出去买瓶矿泉水递给他。就因为一瓶水，他帮我创造了人生的巨大价值，所以我一直信奉"有礼走遍天下"，要想得到别人的帮助，必须先付出。

因为都属于同行业的，人家绝对不会把销售的核心技术告诉给我，所以我就跟他喝酒，我看他说话已经有点吐大舌头了，就虚心向人家请教，我说："哥哥你能不能跟我说说你是如何做到销售冠军的，有没有什么秘诀？"他说，你想知道成为销售冠军的秘诀吗？我说，我非常想。他说，那你把这一瓶酒喝掉，我来告诉你。我说，好。我想也没想，就把桌子上那满满一瓶酒喝掉，他看着我喝掉酒的样子很开心，他告诉我成为销售冠军的唯一秘诀就是坚持。

我感觉被骗了一样，我说谁不知道坚持啊，他说世人皆懂，但是世人皆做不到。就这样他打开话匣子，开始给我讲如何去开发客户，如何与客户成交。只要是人就好为人师，如果你真的虚心向别人请教，我相信有很多人会愿意帮助你。

也不知道那天晚上喝到几点，反正买单的时候把我半个月的工资全部花掉了，但是我感觉很值。因为起码学到这些我可以挣回来几十顿、几百顿饭钱……

就这样我正式开始了我的销售人生，因为我是外地人，而且我们面对的全部是企业集团公司，所以我只有一点点地积累人脉，一点点地开发客户。反正当年我客户出入的地方，我就会经常出现在那里。后来在课堂上我也经常分享有钱的时候多在家里陪陪父母、老婆、孩子，没钱的时候一定多出去走走，也许是上天的眷顾，也许是我努力的结果，也许是我的运气比较好。

很快，我就开单了，当时一个朋友介绍，他们四川大学有个MBA培训班，要在天台山做个培训活动，当时机缘巧合，我去见了，对方也很信任我，这个单子经过一个星期就谈成了。我当时感觉比我当年卖人参赚钱还要兴奋，因为又可以证明自己的价值了，就从这个客户开始，注定我开挂的人生，也许真的像书本上说的万事开头难，只要你把头开好了，一切就非常自然了。我永远相信，只要有一点点火苗，就定可燎原。

就这样周一开早会的时候，老板让我分享一下成功的秘诀，即使公司只有6个人，我也紧张得要命，根本没有准备，心都快要跳到嗓子眼了，我上去憋得脸红脖子粗。所以我现在看到新来的同事，第一次开早会的时候，特理解他们当时的感受。我想了半天，我说成功的秘诀就是相信的力量，在我内心中我一直相信自己是世界上最伟大的销售员。

因为我大学的时候看过亚洲销售女王徐鹤宁的视频，所以我当时想，如果她是亚洲销售女神，那么我一定会通过自己的努力，当上亚洲销售男神。有时候，就是因为自信，才会让我不断地成长。就这样，在大家热烈的掌声中，我仅仅分享了三句话，一分钟不到就结束了。

当时开发客户分为两种，一种是电销，另一种是陌生拜访，我记得当时入职第二个月，我向主管承诺，我这个月必须要成交一个客户，在月初的时候，还没有太着急，但是随着时间的推移，到月底的时间越来越近了，我就知道事情肯定不妙了，心里也非常紧张，但我在内心不断地告诉自己："我是世界上最伟大的推销员，我是最棒的"。

我每天早上把《羊皮卷》一遍遍地读完，每读一遍我就感觉我的灵魂注入了新的能量！到了月底的最后一天我也没有成交，当天晚上我向主管承诺，我说我一定可以成交客户，所以当公司所有人都下班后，我选择一个人在办公室进行电话销售，也不记得打了多少个电话，打得我口干舌燥，但是内心只有一个信念，今天必须成交。

电话打过去一次次被挂断，一次次被拒绝，有的对你说声谢谢，感觉还很感动，有的直接会在电话那头骂你神经病，打到半夜1点钟，我还是一个都没能成交，我还是不断地暗示自己我可以，我一定能做到。这个时候我拨通了另一个电话，响了几声，那头有个深沉的声音传过来，我简单地介绍了一下，那头传来说："神经病吧，这么晚了你还在推销你的培训产品。"我说："如果你们公司的业务员也像我一样有这种工作态度，你们的业绩会不会翻上几倍。"他想了十几秒没有说话，然后他说："那好吧，明天带上你的合同，来我的办公室我们谈一下。"

这个时候，我喜极而泣，我告诉我自己，我做到了，只要我不放弃，没有任何人可以拒绝我。到了第二天，谈了半个小时，我就与这个客户成交了，虽然那个截止时间到了，但是我给我自己上了人生最宝贵的一课。没有人会怀疑我们，客户也不会拒绝我们，客户很多时候是拒绝我们的成交方案，但是很多时候，被客户拒绝一次，我们很多销售人员就再也不会和客户往来了！

很多伙伴之所以销售不成功，就是因为把自己的面子看得太重要，我在大学的时候就做过上门推销熊猫金卡，所以我喜欢开发客户的方式是登门直接拜访，记忆中对我打击最大的一次，也是对我人生帮助最大的一次，是去拜访一家做电池批发生意的公司。三年前我查询那家公司，那家公司已经倒闭了，当然这不是主题，我去那家拜访的时候，他们前台是个十八九岁的年轻小伙子，也不知道小伙子心情为什么低落，不知是因为与女朋友分手了，还是刚被老板骂完，看我拿着传单，问我是做什么的，我说我是培训公司的，这个时候他直接把我往门外推，双手把我推到门外，而且嘴里骂得特难听。

我当时感觉受到了莫大的耻辱，我一个人跑到走廊里，眼泪不争气地流了下来，内心感觉受了莫大的委屈，一个人在那里不停地流泪，都说男人有泪不轻弹，那是未到伤心时。我就在心里问我自己，我难道要放弃吗？这点小小的挫折就扛不住？那我将来如何实现我的梦想，我擦干眼泪，到洗手间洗了一把脸，面带微笑，开始了下一家的拜访。

也许当年经历过，现在只要任何一个业务员跑到我的公司推销，我都主动了解，因为我当年就是那样一点点过来的，现在有时候走在大街上遇到发传单的，我都要亲手接过来，而且我看到一些业务员发的不是很专业的时候，我还愿意上去给他指导一下，也许功夫不负有心人，就在这样的努力下，我开始成为月度销售冠军、季度销售冠军、年度销售总冠军，结果连续做了38个月的销售冠军，后来被我自己所带的徒弟打破了冠军纪录。

人生之路，没有一帆风顺的，也许曾经面临过生与死的考验，才让我知道了生命的意义。当年我们有个客户，要进行户外团建徒步5天，而且路线要求必须要走山路，也许因为年轻气盛，也许因为我是公司的销售副总经理，为了执行好这次培训，就提前去探路，我带着四个同事，其中还有一个才到公司不久的我的大学师弟，就这样，我们坐上车子开始了探路之旅。

因为没有过多的户外求生经验和盲目的自信，我们根本没有充分准备，所以现在我都相信专业的力量，千万不要因为价格便宜而购买，因为只有专业才能体现出价值。记忆中，当年我、任鹏，还有一位老大哥老杨、卢正奎我们四个人去探路，因为老杨和任鹏体力不是很好，所以我就安排他们两个走了一段好走和距离近的道路，我和正奎开始走山路，因为不熟悉路，所以我们找了一个当地的农民带路，完全是轻装上阵，身上带的干粮都很少，因为当地带路的那个农民说下午3点钟就可以下山了，走到中午12点的时候，我们迷路了，因为是在原始森林里，根本没有道路，只有向导拿着砍刀在前面开路，就这样继续探路，当时只能沿着溪水往山下走。

走到下午 5 点钟的时候，已经没有路了，前面是非常大的瀑布，只能绕过去。那个时候，我们已经浑身没劲了，但是要想下山就必须要咬牙继续爬到山顶，绕过瀑布，爬到山顶的时候已经晚上 8 点钟了，天已经快黑了，向导在前面拿着砍刀开路的时候，突然听到砰的一声，向导一下子掉到悬崖下面去了，喊了几声都没有回应，此时只见卢正奎一下子就抓了根藤条跳了下去，伴着几声回声，就听见砰的一声掉到水里了。

也许人的本性那个时候真的显现出来了，不顾自己的生命，都要跳下去救人，所以现在对正奎我都很愧疚，因为出了这件事情后，他父母就把他喊回老家了，再也没有继续从事培训行业，前些年遇到，正奎的人生过得也很平凡。正奎跳下去后，大喊不让我跳，因为下面是悬崖，向导没啥大碍，但是一个手指不小心被刀子割到了，因为有一点急救知识，我说你把鞋带拿下来给他缠上伤口，过半个小时再打开一下，不然会废掉的。我忙给公司打电话，汇报这里发生的事，这时天慢慢地黑下来了。

当时我一个人在悬崖上面静静地坐着，坐在那里一动不动，因为怕掉下悬崖。在悬崖下面的正奎冻得在那里嗷嗷叫个不停，时间是真的一分一秒熬过来的。在原始森林里面，漆黑的夜晚，静得让你只能听到树叶沙沙的声音，时不时还有什么动物传来的叫声，那一次的体验真的是让我一辈子都难以忘怀。当然，这样的体验是不值得提倡的。

我在森林里面也终于悟透生命的真谛，内心有个信念再次升起，老天爷如果这次不让我死，我一定要轰轰烈烈地干出一番事业。这个时候，我因为被森林里面各种荆棘刮得已经浑身是伤了，胳膊一下都不敢动，但是我却用力地咬紧牙关，不断鼓励他们两个，就这样，在第二天微亮的时候，我们三个互相搀扶着用了三个小时，终于走下了山。

下山后，公司所有管理层都在山下，记忆中向导直接上了 120 急救车，后来知道向导被砍刀砍伤的手指因为超过 7 个小时，那个手指头的神经就断了，我一直因为自己的鲁莽而导致向导手指受伤这件事而愧疚不已。而正奎遇到公司同事的时候，他趴到同事的怀抱里面哭泣，因为我走在后面，我没有任何伤感，我面带微笑地面对每一个同事，因为我感觉这是老天在有意磨炼我。后来公司陈总说，那一晚上，他们在山下不停地祈祷，说如果我在山上遇难了，都准备把房子当了赔偿我父母，当时听了还是很感动的。其实内心中非常感恩我当年的老板，后面我会讲我当年老板的故事。

都说人生是逼迫的结果，你有多大的压力，就有多大的动力，后来在销售中，出现一位朋友，对我要求过分严格，当时让我非常痛苦，但是非常感谢他，当年匹克公司成都分公司的副总王古仔，他是一个典型的福建人，瘦瘦的个子，一双深邃的眼睛，本来我和他们的培训主管谈好了，到签合同的时候，他跑到我面前，说你们公司怎么保证你们的培训效果呢，我就随意地说出，如果培训不满意就不要培训费了，就因为随意的一句话，他是个很较真的人，他说那你拿什么保证呢，你要签在合同上面哦，当时的心里就咯噔一下，心想，这家伙这么较真吗？

因为当时请的培训师是社会兼职，我其实心里并不敢百分百承诺，就这样他非得要签在合同上，我说要回公司商量一下，因为在此之前从来没有在合同上面签过这样的承诺。回到公司后，我把这样的情况跟公司老总说了，我们老总说既然这样，你可以去承诺，你完全可以相信我们的产品可以让他满意。就这样我跑回去把合同签上了，在合同附加条款中，学员评分只要不低于80分，就算培训合格，作为项目的销售，我还是非常紧张的。

后来事业发展迅速真的非常感谢这次王总的逼迫，到现在我们都保持着一个领先同行零风险的承诺，培训低于90分不收培训费，就这样短短的两年时间里就做到了成都培训行业的第一名。签完合同，我的压力非常大，晚上11点的时候，我接到一个让我一晚上没有睡着的电话，培训师因为家里亲人生病，连夜赶回老家了。

明天的培训没法执行了，让我重新安排，要么安排客户改期，要么重新安排培训师。客户改期是不可能的，因为培训通知都已经发下去了，所有培训学员明早6点集合出发，晚上11点我去哪里安排培训师？所以一点办法也想不出来。

我想，既然老天爷要考验我一下，那就我来挑战吧，因为我那会已经在培训行业入行两年了，虽然平时做过主持人、做过助教，但是从来没有上台授过课。现在已无退路，这次我必须自己上台主讲了，于是我连夜把培训方案打开，开始准备课程内容，早上6点钟就跑到基地准备，没想到培训下来，员工的评分也是相当的高。

自从那次以后，我开始正式走进了培训师的队伍，而王总也和我成了很好的朋友，到后来他离开匹克，成立了自己的品牌，在四川一年也能达到1~2亿元的销售额。所以真的要感谢人生路上那些给我们设置障碍的人，也许这会让我们走得慢一点儿，但这对我们来说帮助会更大。前年他的团队培训也找了我们公司，当然培训的时候我早已不去培训现场执行员工培训了，都是我带出来的徒弟们执行。

后来，在公司里感觉没有什么可挑战的了，人生都会有一个事业的瓶颈期，那段时间，我感觉我再这么下去，我人生职业就要停滞不前了，因为该拿的奖励，全部拿过了，我不想人生仅限于此，所以那会我想接受更大的挑战。

有一天，我找到老板，我说陈总，我要离职了，她当时很惊讶，在我的职业生涯中，我正式的老板就只有陈总一个人，再也没出去给别人打过工，其实跟陈总在一起也是真的很有缘分，我最开始去的培训公司经营了三个月，公司和我一起就被卖给陈总经营了，因为之前的公司老板是陈总的好姐妹，陈总当时从一个集团公司出来创业，想做点项目，所以就这样我被顺带地买过来了。

当然，人生充满趣味性，在整个职业生涯中，陈总对我真的是非常好，"西点"之所以有今天的成就，有一半以上的功劳都是陈总给我的，虽然我俩交流很少，陈总比我大20多岁，但是彼此都很懂对方，所以有时候她像我的姐姐，有的时候她又像一位长辈。不管我做错什么事情，她都会像原谅孩子一样原谅我。

陈总听到我要离职的时候，很惊讶，她让我回家考虑一个星期。那个时候已经完全做好了决定，当时可能陈总非常不理解，我那会儿的收入在公司是最高的，一年收入几十万，所有的光环都在我的身上，她很不理解我为什么要离开。但陈总不知道的是，我这个人骨子里面喜欢挑战，没有挑战的工作，对我来说索然无味，毫无动力。

所以一直到现在，我都要求"西点"每年都要不停地组织学习和成长，因为永远要让员工有学不完的知识，只有这样员工才会跟你在一起久一点。但是每个人的离开，就犹如坐火车一样，人生也是如此。我考虑了一个星期，陈总问我确定了吗，我说确定了。

后来公司给我组织了一个欢送会，我现在还非常清晰地记得，当时在酒桌上我哭了不止一次，反正那天是流了很多眼泪。虽然我是一个男人，但是我这人把情感看得比金钱更重要，我现在天天都在跟我的员工分享，宁可天下人负我，我不会负天下人。我是一个情感特别丰富的人，在一起风风雨雨4年的时间，积累了深厚的感情，所以那天我喝了很多酒，也流了很多泪，没有把公司带到我想要的高度，也是我人生的最大遗憾。

02. 人生路上，谁引领前行很重要

● 你不要以为机会就像一个到你家里来做客的客人，他在你门前敲着门，等待你开门把他迎接进来。恰恰相反，机会是一件不可捉摸的活宝贝，无影无形，无声无息

● 榜样决定人生，你的世界取决于你的视界

● 人生当中所经历的每一件事，所认识的每一个人，都或多或少地会影响到你的人生，有些人的出现只是为了给你上一堂课，然后匆匆离去

● 成功路上不仅需要贵人相助，更需要小人刺激。没有人会无缘无故地出现在你的生命中，每一个出现的人都值得感恩

● 你不要以为机会就像一个到你家里来做客的客人，他在你门前敲着门，等待你开门把他迎接进来。恰恰相反，机会是一件不可捉摸的活宝贝，无影无形，无声无息

当我们踏入社会，面临人生选择的时候，有时榜样的力量也很重要。那个时候，我身在他乡，没有任何人能够帮自己，就只能靠我自己了。当年渴望成功的信念，一直在心中燃烧，我为了能够真正走进培训界，想尽了一切办法，当年还没有微信，我是在QQ上找到培训公司的，我说我想做培训，可不可以认识你们，这一招果然很灵验，但是我怎么能够见到培训的老师呢？

在很长的时间里，我一直想尽各种办法去寻找认识商业讲师的机会。老天爷总会眷顾不懈努力的人，无意中一次偶然的机会，原电子科技大学培训公司里面的一个朋友，告诉我有个老师有场培训，问我想不想去做助教。我说当然想啊。就这样，我认识了我人生的第一个师傅——电子科技大学江英俊。

初次见面，对于我来讲没有任何要求，只是想学习，整个培训下来，他看我这个孩子比较实在，问我想不想一起跟他做培训，他正想收个徒弟。我想也没想就当即答应了，我说只要你肯收下我，让我做什么都可以。他可能被我这种憨厚的样子所打动，后来又跟他做助教出去了三次，第四次培训结束后，他看我表现不错，打算正式收下我这个徒弟。

我回去激动地一晚上没有睡着，人生终于可以看到点儿曙光了，对于一个农村孩子，无外乎需要别人帮助你一下，我相信这个世界一定有捷径，因为有弯路就一定有小路。我按照当下最有效的策略去行事，而我当下最有效的策略就是找到一个贵人，愿意帮我一把。有句话说得非常好，六分靠努力，三分靠运气，还

有一分叫贵人提携和帮助。在今天这个社会，如果没有人愿意帮你，即使你是千里马，最终也会变成一匹野马。

　　正式拜师那天，是师傅过生日，很多朋友都在，我跪在地上磕了三个响头，敬了一杯茶，就算拜师了。那天我也很开心，因为要跟老师的所有朋友喝酒，当时喝了很多酒，白酒、啤酒、红酒三样都开始喝，反正当场就已经醉得不行了，那也是我人生第一次醉酒，当场就吐得不行，记忆中当时有个叫新哥的为了帮我解酒，把我嘴掰开不停地往我嘴里倒茶水。

　　虽然我当时的表现已经是醉了，但是思想一直清醒，因为一切都掩饰不住我内心的喜悦，如果说师傅教会我什么的话，我认为就是他课堂中分享的一句话，叫坚持。他经常讲："古今立大志者，不惟有超世之才，亦必有坚韧不拔之志。"那时他每天不停地给我灌输坚持、坚持、再坚持，也就是从那一刻起，我的培训生涯开始慢慢地起步了。在我跟他学习期间，真正影响我的是思维模式。其实你跟谁待久了，思维模式就会潜移默化地受到对方的影响。

　　并不是我们的人生成就很小，而是我们所处的圈子决定了我们的人生境界，我们更应该和比我们能力高的人交朋友。这样我们的人生境界将会慢慢发生改变！曾经有个人说，如果你想要成为百万富翁的话，那你就去找十个百万富翁成为朋友，那你也会成为百万富翁，如果你想成为千万富翁，你就去寻找十个千万富翁，跟他成为好朋友，你很快就会成为千万富翁。

●榜样决定人生，你的世界取决于你的视界

我从 2009 年就已经开始免费演讲了，当时江老师告诉我，如果你想成为超级演说家，那么你就要不停地去讲，而且世界上任何一个演说家都是刻意训练出来的，不是光靠理论知识学习来的，就像练习游泳，必须得先学会下水，你必须先要学会让自己值钱，你才会有赚钱的机会。

当时我给我自己设定免费演讲 500 场的目标，没事就会对接美容美发店，刚开始有一些培训活动由我师傅推荐。后来我免费讲完，我就会跟对方老板说，如果你认为我讲得不错，你就把你身边的朋友推荐给我，我过去免费给他们演讲。就这样开启了我免费演讲之旅。记得那个时候，总是有一股莫名的自信，可以说我的演讲水平都是那时练出来的，如果没有那段时间的积累，就不会有今天的我。我刚开始时演讲水平一般，讲得不是很好，只是凭自己的状态来影响顾客，所以顾客满意度不高。

之后越讲越好，有的时候一场 20 个人听我演讲后就会有十几个人报名参加后面的课程，当然也有一张票都没有卖出去的情况。不知原因何在，讲的东西一样，有的人有收获，有的人听不下去。

现在回想起来，还是挺佩服当初的"勇气"的，或者是无知者无畏吧，只有三分颜料也敢开染房。想想那段经历真是有点儿不好意思，但这毕竟是成长的一个过程。

那时我对自己非常有信心，激情绝对是一流的，现在想想其实当初也讲不出什么内容，但状态真是好得很，不管几个人我都会很投入、很用心地讲。有一次演讲时，只有 5 个人在听，我也很认真地讲完了。

现在想想当初自己不知从哪儿来的信心，每场演讲都是激情四射的。由于我当时很年轻，难免有人持怀疑的态度来听我的演讲，我当时一上台就会问："在座想成功的请举手，大家觉得年轻一点儿成功好还是年老一点儿成功好？觉得是年轻一点儿成功好的朋友请举手。好，在座有没有谁20岁创业，22岁就成为百万富翁的？不用看了，那个人就是我，你们知道吗？"

经我这么一说，人家怀疑的眼光就少了很多，当然也有看不起我的人。我记得有一次去一家保安物业公司演讲，本来说好有几百人的，可我到了会场发现只有10多人。我上台刚一开口，就听到下面有两个中年人在那里大声抗议："我还以为是什么人来演讲呢，结果是一个小毛孩，快把你认为最重要的东西讲出来，其他就不要讲了，我还要回去。"

我不受他们影响，继续讲我的内容。戏剧性的结果是，结束后那两个人来找我，说道："你讲得太好了，请问一下你们有没有这方面的教材可以卖给我呢？"现在想想觉得挺好笑的。

那段时间我的成长速度很快，特别是在精神状态及演讲水平上，整个人都变了，变得很有激情，很有动力，好像每天都有使不完的劲。那时我每天演讲三场以上，早上一场，下午一场，晚上一场，甚至有时候一天要讲五场到六场，当然更多的是忙到夜里12点才吃饭。我非常感谢那段时间信任我的朋友和客户，因为他们给了我机会，我才有了今天的演说能力。

还有一次，我给一家企业从晚上12点讲到凌晨2点，老板感觉非常满意，于是请我边吃火锅边聊天，直到凌晨5点才结束。第二天7点，我又要去另一家企业演讲。

如果要问我钢铁是怎么炼出来的，我不懂。但你如果要问我，一个讲师是如何打造出来的，我可以教你。同样的，你问一个人是如何成功的，我也可以给你两个字，那就是"努力"。

"天下没有免费的午餐""世间自有公道，付出总有回报"。要想成功，就必须要付出代价。因为我们出身农村，没有资源，没有良好的人际关系，但这一切都不是影响我们成功的理由。我们必须愿意付出代价，不懈地努力，让自己受尽苦楚、脱几层皮，并且每一次的失败后，都能重新站起来，这样才可以成功。我经常说的一句话是：为了成功所付出的任何失败都是值得的，让失败来得更早一些吧。

因为我有梦想，所以我一定会让我的梦想起飞。我经常会想起那一段时间，当时怎么会有那么强的信念，到底是什么原因让我这么卖命，到处给人演讲，一分钱都不要。那是一段只求付出，不求回报的日子，也是一段令人难以忘记的日子。无论过去多少年我都会很怀念。如果没有那段激情燃烧的日子，我就不会有今天的成就。

●人生当中所经历的每一件事，所认识的每一个人，都或多或少地会影响到你的人生，有些人的出现只是为了给你上一堂课，然后匆匆离去

也许我是一个大梦想家，创立"西点"公司的时候，想公司名字想了很久，但是都不是很满意，后来干脆灵机一动，既然美国有西点军校，那我起名就叫西点吧。虽然听起来有点像卖生日蛋糕的那个西点，但是西点军校还是很出名的，因为西点军校是美国第一所军事学校，也是美国历史最悠久的军事学院之一。

自第二次世界大战以来，世界500强企业中有8000多位总裁都是西点军校毕业的学员。这毫无争议地说明，西点的训练、管理与教学，无疑都是世界一流的。

就这样，我怀着要创造一家伟大企业培训公司的信念，经过了很多的努力才在工商局注册了"西点"这个名字。

当时虽然每年的收入也有几十万元，但是开销也很大，所以在我真正要创业的时候，手里根本没有多少钱了，仅仅剩下几万元钱，但是创办公司，必须要寻找办公室，当时是夏天，我找了很多家。

最后终于发现有一个地理位置比较合适的房子在出租，但是要求合作，他们是周末使用，出租周一到周五，刚好我们是周一到周五使用，我当时就兴奋地跑过去看了一眼办公室。一看才知道，才知道原来是个基督教堂，房子面积有120平方米，他们周末用楼下，给我们用楼上，一个月当时要2000元的房租，最后讲价讲到1700元，就这样把租房合同签下了。

创业是很艰苦的事情，我深有感触，创业意味着一种责任，从我创业的那一天起，我就跟我的太太说："我从此以后不属于咱们家，我将属于公司了。"公

司所有的一切全部都要靠自己。公司刚开始接的第一场培训，是我的一个老客户介绍的，当时公司就我和黄老师两个人，就犹如一贫如洗的穷人家庭一样，终于有个客户了。

但是在执行培训的时候，由于是野外徒步体验式培训，在下山的时候，一个30多岁的学员踩在了玉米叶子上面，不小心摔倒了，疼得一动不敢动，我咬牙把他背到山下。后来去医院一检查，右侧大腿骨头骨折了，必须要住院。当时给了我很大的打击，因为创业接的第一个培训，就遇到这样的事情。

我在内心里告诉自己，没有关系，这是老天爷在考验我的信念是否坚定。回到家后，我不顾太太的反对，把家里仅有的5万元，全部送给了住院的学员。但是当我拿过去的时候，那个学员强行让我把钱拿回来了，很动情地对我说："不怪你，我不能要你这个钱，因为是我自己不小心摔倒的。"

就是这件事情，彻底激发了我的斗志，我一定要做一家受人尊敬的公司。因为公司是新成立的，没有任何客户资源，所以我要想办法去找到更多的客户。当时恰逢一个好朋友把成都一家人力资源协会的会长介绍给我认识，当时我们聊得还是比较好的，我想如果跟他们能够长期合作，将对开展业务有很大的帮助，他说合作可以，但是必须成为他们的会员，会员必须缴费1万元。我想都没想，直接给对方转了1万元的会员费。

他当时对我说："正好赶上我们最近有个人力资源的论坛有1000人的规模，你要来现场宣传一下你的企业，这对你的业务将会有很大的帮助。"我说可以！他说："参加我们的论坛，必须成为我们的赞助商。"我说："没有问题！"他让我们转9000元，我又想也没想，就给对方转过去了！

其实有的时候不要轻易相信别人，在商场上没有足够的实力如果你想寄生在别人身上，就需要自己更加地努力。回来后我跟公司的所有人兴奋地说攀上了一棵大树，以后我们的业务将源源不断。但其实事实相反，在论坛开场头一天，对方把赞助的位置图发给我看时，我发现给我的展位是非常偏的一个位置，而且赞助商里有一家同行公司，人家的展位在每一个顾客的入口处，我当时就想，让我掏了那么多钱，结果就这么摆了我一道。

当时公司的账上已经没有多少钱了，如果业务还没有起色的话，可能下个月就倒闭了，我苦思冥想怎么能抓住这次机会让精准客户认识我的公司呢？后来我灵机一动，跟他们沟通，可不可以让我上台分享一个小时的管理内容。因为听众都是企业的人力资源从业者，那个时候我上台的分享能力已经没有任何问题了，因为之前我在赶集网客户感谢会上进行了一部分分享。但是对方要求我缴纳3万元。当时账上的钱根本没有这么多，所以我就知道这条道已经走不通了，那怎么做才能让听众认识我们呢？

我想了一晚上，做了SWOT矩阵分析，终于选择了最合理的两个方法让所有人认识我们，所以按照我现在的课程理论就是凡事必有三个以上的解决办法，发生任何事情都会有解决的途径，只是我们自己不愿意去寻找罢了。

第一个策略是在会议正式开始的那天，我让公司的两个员工穿成非洲人的样子，脸上画着非洲人的油彩，头上戴着非洲人的头饰，让他们在会场门口吆喝进来的听众可以到我们的展位去看一下，这样就有利于我们和客户进行交流了。只要与客户有见面接触的机会，就会对成交有很大的帮助，但是很多销售伙伴就是不喜欢和客户见面，其实所有的成交都源于五次以上的拒绝。

第二个策略就是我提前安排我们两个同事买了两束鲜花，因为有两个会场，所以我当时的策略就是在每个会场第一个嘉宾分享完时，就让我提前安排好的同事抱着鲜花冲上去，把鲜花送给分享嘉宾，这个时候顺带着把话筒接过来，直接对着所有的听众介绍一下我们的展位，只要到我们的展位就有价值500元的大礼相送。后来我的两个同事跟我分享，冲上去之前是非常紧张的，就像打仗一样，但是人生真的就是逼自己一把，当你没有任何资源的时候，就得剑走偏锋，由于两个会场同时拿到话筒，对公司起到了很好的宣传作用，也许听众是被我们的"大礼"吸引来的，当时一散会好多听众就把我们的展位围得水泄不通，就这样我们瞬间在成都打开了市场。

●成功路上不仅需要贵人相助，更需要小人刺激，没有人会无缘无故地出现在你的生命中，每一个出现的人都值得感恩

我认为每个人的出现，都是因为缘分，在我们的人生中会相继出现很多人，这些人也会相继离开你。在公司刚刚成立的那一年，因为公司很小，所以招员工的过程非常难，哪怕来一个人，我都高兴得不行，不是我们面试员工，而是员工面试我们，员工一进办公室，首先我们自己滔滔不绝地说个不停，我想今天所有的创业者应该都深有感触。

我在这里要说的是我招进来的一个员工，因为涉及隐私，我就不在这里提他的真名，姑且叫他阳光，他当年也对着所有人说自己叫阳光。当时来面试的时候，我问他为什么来我们公司，他说他在网上了解我们公司，很喜欢西点的文化，所以他打算来这里工作。我简单问了一下他的工作履历，他说他在我们的同行另外一家公司工作过，但是感觉自己不适合那家公司，所以选择离职。那个时候我们公司因为缺人才，就没有仔细做员工的背景调查，就是这件事的发生，以后再来同行公司的员工应聘，我基本上会考虑一下。为什么？因为在公司如果水平很好，根本不会离开原公司，离开原公司的只有两种原因：一是水平很差，人家根本都不想要的，让其主动离开的。二是水平很好的基本人家出来都会选择创业，不可能去别的公司面试。所以现在我再面试其他公司离职员工的时候，我基本上很少要，即使感觉不错的，也会让我们的人事部打电话到原公司做背景调查。

阳光这个人其实我是很喜欢的，他很有拼劲，当时我想重点培养一下他。虽然年龄跟我同岁，但是他没有我在这个这个行业待得久，据他自己说之前是在蜀九香火锅店当服务员，后来被公司开除了，当时我也只是一听，没当回事，那个

时候我去谈客户的时候，基本都会带着他，而且百分百地信任他。

一次他跟我出去培训，跟我说："郝老师，我们可以给小张涨点儿工资，因为他的能力还不错！"那个时候在我心里，已经把他当成未来事业合作伙伴了，因为那会儿我已经非常信任他。所以回来后周一开早会的时候，我立马当着公司所有员工的面，宣布给小张涨工资，但是当我说完，我发现小张一点儿感觉都没有，感觉像无事人一样，当时我也没太在意，后来在他们离职的时候我才想到，他们应该早已串通一气了，因为是阳光建议我给小张涨的工资。

很多的时候，人是非常浮躁的。创业第一年，当时公司就 7 个人，也没挣到什么钱，但是我的理念一直是组建学习型的团队，所以那年想带着这几个人去内蒙古沙漠徒步。说实话，那个节骨眼上根本不适合团队去内蒙古搞团建，因为至少要花 10 万元，我想既然要发展，就必须先把根基打好。

在我们准备出发的头一天，我知道一个消息，阳光和小张已经触碰了公司红线，并且已经触碰到了我的底线。我们讨论了很久，最后决定取消这次内蒙古之行。结果退机票的手续费就损失了 1 万多元。

后来我找小张谈话，我很坦诚地告诉他："你们两个不适合在一起合作共事，因为你是做技术的，他是做销售的，你们的利润分配会存在很大的问题。"当时他的表情是满不在乎，我说那好聚好散吧！祝福你们！

在这件事情上，我的内心当时还是很受伤的，因为我想不通他们为什么要这么做，为什么这么着急！当时在我内心里，是把阳光当成合伙人去培养的，但是事与愿违！其实只要你选择创业，可能这一关你是必须要过的，但是任何一个职员的离开，我们都要自我反思，我们到底哪里做得不足，哪个环节需要做出改变。

阳光他们走了之后，过了一段时间，又有一个女孩子来我这里面试，她当时来到我这里面试的时候，跟我说："你收下我吧，如果你再不收下我的话，我已经无路可走了。"我很惊讶，认为这女孩说话太夸张。后来她说，她已经面试了很多家公司，没有一家愿意留下她。

我被她的真诚所打动，就在我准备把她招到公司前，她自己就已经主动把微信名称改成"西点"学院了，这一举动深深打动了我。其实做培训行业是最难的，如果没有人脉，就需要耗费大量的时间来培养人才，记忆中，她来到公司半年的时间都没有开过单，大半年的时间她也是很没有自信。

人真的是要有存在感的，如果在一个团队中没有存在感其实是挺难的，人这一辈子能不能成功，主要是看自己的心态，如果能把自己的心态摆正，那成功只不过是早晚的问题。但是我很信任她，也很用心地培养她，她来公司半年时间一单都没开，她自己后来说，春节的时候，本来想辞职，但是自己不知道什么原因，把头发剪短了，发誓再努力一次。说来也奇怪，回到公司的时候状态就跟以前大不相同了。

例如有一种树叫红杉，它5粒种子加在一起还没有一颗大米粒大呢，但是它是自然界中长得最高的树，能长130多米，所以人生也是一样的，当你真的厚积薄发的时候，成功就在眼前了。通过上半年的沉浮，下半年的收入和业绩开始大大地提升，从当初月收入只有1500元到后来年薪可以达到20多万元。有一次，我去外面听了一堂课，其中就讲到公司想留住优秀的员工，就必须要与员工分红，让能者多得。我立马决定，在公司账上拿出10万元，准备送给她买汽车。

公司要奖励两个人，一个是宗元一个是她，我跟宗元谈的时候，宗元开心地就答应了，因为毕竟男孩子喜欢汽车，我就随意起草了一个合同，准备给宗元提汽车去了。这个时候我跟她谈，她说不要，员工愿意不愿意跟你走下去，在这点上一下子就能体现出来，我说不要就不要吧，那没办法了。

过了几天后，她又给我打电话，说她想要公司的汽车，我晚上躺在床上思考，当时跟她谈的时候，她斩钉截铁地说不要，怎么过了这几天，就又给我打电话选择接受呢？我考虑了一下，这里面可能有蹊跷，我给宗元发微信，询问他有没有找宗元要过我跟他签署的协议，宗元说要过了，我立马就明白了。

我的合同当中她一定看出了什么漏洞，我重新审视了一下当时的协议书，其实上面我就是随意地写一下，当时上面写的如果员工在公司工作5年，汽车首付款就全部送给员工了；如果中间离职，就归还车款，利息按照银行利息给予补偿。在真正的商业交易中，这一条对公司的经营者是很不利的。

我第二天到公司，就跟法务部说了调整一下这条内容，法务部把调整的内容给我后，我看了一下，上班后她来到我的办公室，要跟我签署赠送汽车协议，我就把法务部给我准备好的版本给她了，这个时候我看她的情绪波动很大，脸一会儿黑一会儿白，任何时候人的内心状态都是直接从脸上表现出来的，她问我："为什么和宗元的合同不一样？"我说："法务部认为我的合同对公司很不公平，所以法务部给调整了一下，宗元的也一定要重新签一下，从公司的角度，一定要考虑自己的风险，法务部查出了漏洞那就要修改。"她说："那我不签了。"我说："好吧！"

我也不知道我做的是对还是错，反正是没签成，后来她跟我提出要离职，我说可以，我尊重任何人的意愿，就是到现在公司员工只要跟我提出离职，我都不会挽留，因为任何一个人要想离职的话，心里面已经想了很久了，他既然跟你提出来了，说明人家已经做好心理准备了。因此，我要尊重每个员工的选择。

培训公司离职，最重要的就是客户信息资料，培训公司最值钱的也是客户信息资料，因为我们的公司有客户CRM系统，所以员工手册当中，在新员工入职的第一天就培训过，客户信息归公司所有。但是有些销售离开的时候还是会产生很多麻烦，毕竟人都有私心，当时让她和主管交接的时候，她的情绪很激动，死活不愿意把客户CRM系统交出来，她甚至为此还报警了。

警察来到办公室，我很平静，因为我并没做什么违法的事情，说明了情况后，警察说："你在公司离职，交接公司手续，是每家公司规定的。"警察又调解了一会儿就离开了，她办完离职手续也离开了。离开的时候，还给我发了道歉信息："郝老师，感谢您的一路栽培，是您把我带到这个行业，今天情绪有点激动，对不起。"我看到这个信息，微微一乐，心里早已放下。

在这里我要跟所有的创业者分享一下我在创业路上的一点心得，在创业路上，要时刻做好心理准备，即使我们百分百地付出，也不一定能得到我们想要的回报。所以我有一个方法，就是给身边的每一个员工在心里贴一个标签，预测他们能在公司做多久，这样当某个员工有一天提出离职的时候，我们就会平静地接受。

我们不要指望任何一个员工能跟我们一辈子工作在一起，但是每个员工的离开，我们都应该好好地反思，我们到底哪里做得还不够好。因为，人生只有不断地总结和反思，才能更好地前行。

03.行业决定人生的高度

● 所有的道路都可以到达成功的目的地，起点可以相同，但人生的终点取决于你选择的路径。

● 与其在别人的池塘里游泳，不如自己挖一个池塘，因为池塘越大，你的收获越大

● 没有不赚钱的行业，只有赚不到钱的人。每个产品都属于时代的产物，只有提供给客户有价值的产品，你才能梦想成真

● 成为行业的标杆，才有可能赚到钱。一步领先，步步领先

●所有的道路都可以到达成功的目的地，起点可以相同，但人生的终点取决于你选择的路径

经过创业第一年的摸爬滚打，公司慢慢有了起色，在过去的一年中，我们服务每一个客户，都是尽心尽责的。在第二年开年的时候，我去拜访成都当地一家算是比较大的培训公司（现在已经落到我们身后了）我当时想跟他们合作，他们老板非常热情地接待了我，我们简单谈了一下。

我说明来意，想跟他们合作。虽然我们都是属于培训行业，但是行业也有很多细分，老板很委婉地拒绝了我。他说："如果按照你们现在这样发展下去，你们是无法保证培训效果的，因为客户对培训师的要求很高，而且你现在怎么能保证你的培训师对每个客户的服务都是100分呢？怎么能让客户的满意度升上去呢？"

回来的路上我陷入了深深的思考，如果真像他说的，那我们必须要培养很多个培训师，培养培训师要很长的时间，但如果不培养的话，就像社会上其他的机构一样，有业务的时候，就随便找个兼职的，那会导致恶性循环，那并不是我成立公司的初衷。回到公司后，我痛下决心，从此以后一个培训师都不外聘。我没想到，就是这个决定，成就了今天"西点"的辉煌，因为一个公司在大浪淘沙中存活下来，真的要有自己的核心竞争力。什么是核心竞争力，就是人无我有，人有我优，人优我比附加服务。

就这样，公司拉开了所有培训师自己内部培养的序幕。其实这个时期是非常艰难的，因为要考虑很多方面可能出现的问题，尤其是把培训师培养出来还涉及如何把他留在公司的问题，后面我会分享，如何让员工跟公司持久地走下去。

那天回来，我就当着公司全员的面许下诺言，如果今年业绩目标达成，公司将取30%的净利润进行全员分红，如果我达不到的话就自愿接受200个深蹲起（因为我腰部高中练体育时落下了腰椎间盘突出，做不了俯卧撑，所以只能做深蹲起），再自罚苦瓜一根，5瓶矿泉水淋头，我真的从内心想让每个员工可以和公司一起享受收获的果实，因为每个员工都是农村出来的，所以我更知道他们对成功的渴望。

但是管理者如果不拿自己开刀的话，就永远起不到带动作用，激励销售团队最重要的就是狼性，如果主管是绵羊，下属是狼的话，早晚有一天下属也会被同化成一群羊；如果主管是一只狼的话，整个团队也会变成一群狼，所以什么叫带动，就是拿自己开刀，一个真正敢拿自己开刀的人，永远会成为团队的领导者。人被逼上绝路，谁都可以变得卓越，人若留有退路，谁都可以变得平庸。

当时我承诺给全员分红的时候，是写了军令状的，直接白纸黑字写在上面，公司有个承诺墙，是专门张贴每一个人承诺的，只有白纸黑字签在上面，大家才相信你说的。创业的几年我自己内心真正的感受就是，第一，领导者要说到做到；第二，就是要管住嘴巴！

《道德经》当中写道："太上，不知有之；其次，亲之誉之；其次，畏之；其次，侮之；信不足焉，有不信焉；悠兮其贵言。功成事遂，百姓皆谓，我自然。"说的就是最好的侯王，百姓感觉不到他的存在；其次的侯王，百姓亲近他赞誉他；再其次的侯王，百姓害怕他；更其次的侯王，百姓侮辱他，侯王的诚信不够，百姓自然不会相信他。最好的侯王悠闲啊，不会轻易地发号施令，功成业就，百姓都说："我本来就该如此。"

我之前看到这段的时候感触很深，一个好的领导者就是受人尊敬的。让一个员工喜欢你的话，无外乎因为你的才华和智慧能征服他，始于颜值，敬于才华，久于人品，长于善良，合于性格。当我对着公司全员承诺时，我发现大家的状态都有很大的改变。那一年每个人都很努力很拼，但是那一年刚好就差了8万元，没有达成业绩目标，说实话我倒挺想让大家达成的。

那一年公司开年会，我兑现了承诺，当着众人做了 200 个深蹲起，你们可以感受一下，如果平时运动不是很多的时候，200 个深蹲起真的不是一般人能承受得住的，做 100 个的时候，我就感觉眼睛有点冒金星了，但是承诺了就必须做，所以我一直咬着牙坚持做完了，起来的一刹那差点摔倒在地上。接下来就是苦瓜，从这一次吃苦瓜开始，"西点"销售团队对战从此开始吃苦瓜了，后来流传一句话，今年吃苦瓜，明年赚大钱，吃苦瓜给"西点"的兄弟们吃得都已经习惯了。

我第一次吃生的苦瓜，真的吃一口就恶心得要死，但还是强忍着把一根苦瓜吃完。5 瓶矿泉水淋头，就是一个人拿着满瓶矿泉水，从我的头上淋下去，其实感觉那一刻蛮屈辱的。

从那次开始，公司的核心团队成员到现在一直没有人离开过，一个公司要想基业长青，领导力真的很重要。也就是那一次，让公司往前迈了一大步。

● 与其在别人的池塘里游泳，不如自己挖一个池塘，因为池塘越大，你的收获越大

当年通过在别人家论坛瞬间得到很多客户，让我记忆犹新，我想为什么我们自己不搞个论坛。我知道在全中国做企业家论坛，有个叫刘景澜老师的学习型中国论坛做得规模非常大，所以我一直有个梦想，就是别人能够做到的，我也一定能做到，我是骨子里那种不服输的人，既然他叫学习型中国，那我们就叫学习型四川企业家论坛。

有了这个想法，我很兴奋，但我从来没有做过这种论坛，压力还是蛮大的。我首先对接一家酒店，初步规模是1000人，因为当时我们还没有成熟的邀约系统，不知道如何让团队去邀约客户到现场。当时我们团队很多人不相信我们能做一个1000人的论坛，我就当着团队的面承诺："请相信我，我们一定会成功。""这次我们必须办一个属于我们'西点'人的论坛，让我们同行都去看一下，在这个行业，在四川没有人做过我们这样的论坛，我们是第一个，我们要创造历史，只要是我们做了，我们就是第一名。"在我的鼓励下，团队成员热血沸腾。我们提前一个月做准备工作，因为是论坛，我们没有任何经验，只是看过别的大公司做过，一切都要从头开始。

我们先寻找合适的酒店，要求既要达到规模又要交通比较方便。最后找到了八宝街的一家五星级酒店，酒店说3月份只有28号这一天可以租用，我决定租下来，随后我就把定金汇过去了。紧接着，我就开始邀请论坛其他的老师，其实

我在圈内待了几年还是认识几位知名老师的，一跟对方说，对方立马就答应了，因为这是老师们最好的宣传平台。

在这里我还是要特别感谢戴氏教育川豫大区的董宏伟董事长，因为只是当年一面之缘，当年他们培训的时候，我给他们执行培训。我讲课的时候，他一个40岁的大男人在那里默默流泪，后来我才知道他也有一个员工，好像是他的亲侄女，从月工资800元给培养到年薪50多万元，当上了校区校长，后来开始背叛了他，把他整个校区的老师都拉过去，在他校区隔壁成立了一个团队，他当时大概也是触景生情。

就这样我们成了很好的朋友，只要我这边有事情他就会第一时间提供帮助。我给他打电话，告诉他要做个1000人的论坛，董总二话没说，就把原先设定的会议推掉帮我组织这次论坛，就这样论坛老师全部安排妥当了。

接下来需要邀约客户来现场，因为我们第一次搞这种大型的论坛，所以不敢收钱，也怕卖不出去票，同时也担心客户答应了却又不来，我们就收了10块钱的诚意金，如果按规定时间到，我们就退回，如果迟到就不退。那段时间真的是每天设定目标，必须达成目标才下班，基本上那阵每天都会在凌晨左右回家，因为要天天陪着团队打电话邀约客户，时间就这样一天天地过去，离我们设定的论坛日期越来越近了。

直到这时，团队成员才相信这件事情我们做成了，邀约人数达到了1500人。离论坛开始前两天，邀请的嘉宾老师问排课时间有没有排出来，有一个老师必须排在上午，其实我也没经验，一切满足嘉宾要求，因为我知道能组织这个论坛不容易。我也必须要上台，这样才有机会让大家认识我，不然根本没有人知道"西点"是谁，有句话说得好："要想当总裁，老板得上台。"所以我自己也准备了一个半小时的分享时间。

后来一看时间安排，只能给我安排到下午2点到3点半这个时间段了，我想，不管在哪个时间段，都一定能征服他们，我有这个自信。作为创业者，我就是公司最大的服务员，同时我也是公司的灵魂人物，团队成员全都在看着我呢！

如果公司的领导者缺少绝对的自信和勇气，从员工的角度来说没有人会相信我说的话，所以任何一个创业者，需要学会不断地自我催眠。我会在心情低落的时候，或者公司面对问题解决不好的时候，暗暗告诉自己，我是一个难得一见百年一遇的管理高手，任何事情对我来说都是小事情，这也是一个创业者必须具备的强大内心。

●没有不赚钱的行业，只有赚不到钱的人。但是每个产品都属于时代的产物，只有提供给客户认为有价值的产品，才会让你梦想成真

在精心准备下，论坛顺利召开，其实前天晚上我一宿都没有睡觉，一是担心明天出场的客户不会到现场，那么大的会场，出现空场就很尴尬了；二就是担心我的课程，因为在正式论坛演讲我也是第一次尝试，我当时给自己定的题目叫《总裁演说》。

早上5点30分我就起床了，准备出发到酒店。到酒店后我就感觉到有一点点紧张，害怕某个环节出问题，我就让团队成员分成签到组、迎宾组。时间来到上午8点30分，签到入场已经陆续进行了，因为论坛9点钟开始，我看到会场已经坐了三分之二的人了，我心里就有底了，我知道邀约的客户肯定都能到现场，后来也许发出的文案太有吸引力了，现场来了将近1200人，氛围已经非常火爆了。座位都坐不下，有的只能两个人坐在一张椅子上面，还有的站着，安排上午演讲的两位老师都是四川本地的，尽管这两位老师各有各的打算，但不管怎样只要让客户满意就可以了。

有位老师到会场里面还没有演讲就要求去嘉宾休息室，因为没有经验，也不知道还要有嘉宾休息室，我就赶紧让我们的工作人员找酒店给开一间房。组织一场会议，把控每个环节都不出错，真的要经过训练。

上午两位老师演讲完，下午一点钟其他老师继续演讲，分享的是关于家庭教育的内容，我发现会场里面就剩下200多人了，很多人都跑了。也许感觉上午老师演讲的内容不适合甚至没什么所谓的"干货"，也许感觉到下午老师所讲的内容不是他们想听的。当时我头都大了，花了二十多万元做了一场论坛，我还没上场亮相，就已经跑了三分之二的人了。

冷静下来我一想，无所谓，就当锻炼我自己的团队吧，下午到我正式上台的时候是2点钟，更是人发困的时候，我想既然所有的压力都给我了，那我就来挑战一下吧。虽然现场人不多了，但是那场演讲下来我讲得很兴奋，当我自己很兴奋的时候，客户就会变得很兴奋，我当时在台上卖了一下我们青少年代理商课程，没想到一下子就卖了将近50多万元，我看到有30多位上台付款，我第一次做会销，就可以取得这样的成绩，我真的感觉超值了。

人生要多去尝试，多去突破，智慧来源于多框架的视野，能力来源于多角度的体验。所以，做任何事情都不要否定自己，一定要对自己时常说："我就是最棒的！"

那天论坛结束，我和公司所有的员工，安排好了一个酒店，晚上一起吃饭，因为为了这场论坛，很多人一天连顿像样的饭都顾不上吃。那天晚上我喝了很多，可能是憋在内心的那股气终于发出来了吧，我们终于可以举办1000人以上的论坛了。也不知道晚上几点回到家的，但是第二天醒来的时候，已经是下午5点钟了，一看手机有48个未接来电。也许是那段时间压力太大了，身体终于可以放松一下了！

在这里我想给大家分享一个故事：英国著名政治家丘吉尔，最后一次演讲，也是一生最精彩的演讲，演讲的题目是"成功的秘诀"，原本20分钟的演讲，丘吉尔只用了一分钟。

在演讲当天剑桥大学涌进了很多年轻人，他们要听听，丘吉尔人生最后一次演讲要分享什么宝贵的成功秘籍。当会场的灯光突然全部关掉，会场瞬间变得安静下来。一束追光灯从舞台前打出，照到了舞台后面会场入口处。只见一位老人，左手拄着拐杖，慢慢地从舞台后面走到舞台前，这时会场变得非常安静。只见丘吉尔先生左手把礼帽摘下来，右手用力地扶起拐杖，用坚毅的眼神，看着台下所有的年轻人，久久没有发出声音。

这时台下有些年轻人坐不住了，开始在那里小声议论着。这时候，丘吉尔先生使出浑身的力量高喊出:"坚持到底,永不放弃。"说完这8个字,丘吉尔先生就快速地离开了会场,身后传来雷鸣般的掌声。

　　这不正是所有年轻人都应该做到的吗?做任何事情都应该坚持到底,永不放弃!今天有多少年轻人,望着这山看那山,永远不知道自己想要啥。其实人生拼的就是谁能把一件事情做到极致,拼搏到感动自己,努力到无能为力。如果你能够拼搏到把老天爷都感动了,那么你离成功就不远了!

03.行业决定人生的高度

●成为行业的标杆,才有可能赚到钱。一步领先,步步领先

论坛结束后,"西点"品牌的知名度在四川有了很大的提升,大量的客户需要我们的产品。不久后,我发现虽然每个月工作非常辛苦,但是月底一统计,除去工资、房租水电一切开销,公司根本挣不到什么钱。我就开始思考,问题出现在哪里?后来终于想通了,我当初选择做员工培训这个行业,有个很大的问题,就是我们仅靠挣公司员工的钱,是无法快速成功的。

因为从两个角度来考虑:一是任何一家公司不会花太多钱给员工培训,因为花太多钱培训基层员工最终都会流失掉,根本无法给公司创造太大的价值,有些老板干脆把培训员工当作走过场。二是我们之前对接的人群都是企业的人力资源从业者,这些职位的人和我们打过很多年交道,这个岗位其实是很悲催的岗位,因为在中国的民营企业家眼里,除了销售部门创造利润,其他部门都是花成本的,尤其是人事部门,所以在一些民营企业这个部门根本得不到公司重视,得不到重视自然就缺少主人翁意识。

所以在选择培训供应商时,很少有人对结果负责,只会选择价格便宜的,因为选择价格便宜的效果不好,也有理由跟老板说这次找的价格低,是为公司考虑,节省成本。往往越是这样的想法就越达不到培训的效果,而且我看了一下我所从事的行业,能做到"西点"今天规模的基本没有,都是夫妻店,我仔细分析了一下,这个行业不适合做大,只有做小才会赚钱。

做小又不是我的梦想,既然做员工培训不挣钱,那我们就增加产品。我们有大量的员工客户,尽管员工在我们这里培训完以后,就很难再来消费了,但他们会把自己的孩子送到我们的训练营,由此"西点"少年领袖训练营就这样

开启了。

其实做孩子培训在国内招生非常困难，都是属于散客招生模式，所以我为了快速裂变市场，直接将员工的提成从普通的10%，提到了40%，物质奖励真的可以激发人的潜在动力，所以创业者要学会舍得分钱。我这么多年感受最深的一句话就是，你只有帮助身边的人实现他的梦想，他才会帮你实现更大的梦想。

后来一算三个月的暑假，我们光发放夏令营奖金就发放了200多万元。我们采用的模式，就是给员工培训完，当场立马推销我们的青少年产品，没想到就这样快速打开了青少年的市场，通过一个暑假的时间，我们的青少年训练营人数达到了2000多人。而我们并没有靠什么网络营销，全部是靠我们员工招生和老客户介绍就达到了这样的效果。

做孩子的课程比做大人的课程要难很多，因为孩子不听话，当时我就提出了要进行积分管理，并延续使用到现在，因为管理孩子对我们来说太难了，我们不知道孩子想要什么，其实对于孩子来讲每个人都有自己的荣誉感。

当时我就跟负责青少年执行课程的老师说，每个训练营结束，冠军团队第一名要发一个大大的奖杯，要把团队的荣誉感树立起来，让他们自己管理自己，这样我们的老师就不会耗费大量的心血了，这招我在后来的课堂上也跟很多家长分享过，就是用积分去约束孩子。由于当时招生人数众多，一下子就突破了2000人，成都电视台和成都三套电视台都去基地采访，就这样我们的青少年产品在成都快速地立足了。

人生中，做任何事情，都要看看，你身边的人想买啥，而不是我们想卖啥，只有客户想要买什么，你再去卖，才会得到你想要的结果。而今天很多创业者都是不经过市场调查，就直接头脑发热开始做一款产品了，结果很多时候都以失败而告终，我身边也有很多朋友，一旦失败了一次，就开始怀疑自己，人一旦开始怀疑自己，所有的信念就都松垮下去了。

所以创业能成功最重要的是要做测试，没有做过测试的结果，永远都不是最好的结果。只有结果不会骗人。有一句话是这样讲的，如果你爱一个人就去让他创业，因为创业可能会让他荣华富贵；如果你恨一个人，也让他去创业，因为创业会让他"伤痕累累"。其实所谓成功的过程就是相信自己力量的过程。

04. 聚焦，从成功走向成功

● 很多时候，不是我们想飞就能飞的，更多的时候是看看我们有没有引路人。能否成功，取决于你与谁同行

● 成功者都是先相信后看到，而普通人则是看到了才相信，先知先觉是领袖，后知后觉是追随者

● 你要想成为钻石，就要忍受钻石被切割的痛苦，欲戴皇冠，必先承其重

● 没有谁能击垮你，除非你自甘堕落。不拼一把，你怎么知道自己的能力是强还是弱！比你差的人没有放弃，比你强的人仍在努力，你有什么资格说你无能为力

●很多时候，不是我们想飞就能飞的，更多的时候是看看我们有没有引路人。能否成功，取决于你与谁同行

当我把"西点"的品牌在员工培训和青少年领域已经运作到行业第一名的时候，脑海里突然又跳出了新的想法。有一天躺在床上，我问自己这是我想要的人生吗？即使这样下去也没法帮助更多人，成就更多员工的梦想，因为当下我所从事的行业就决定了其本质的属性，因为员工你不管怎么培训他，他的思维是慢慢转变的，而且会浪费更多时间。

当整个"西点"团队已经形成了正常的发展，为了给公司其他人更多施展才华的机会，我不想继续在服务员工的层面上做进一步深挖了。也有的人说我不满足，毕竟两年时间就已经做成了其他同行做了十年还在苦苦追求的事业，我已经超出很多同龄人了，但是我想我人生的梦想绝不仅限于此。所以，我萌生了一个更大的目标，我要帮助更多人。我要完成我人生中那个更大的目标。

有了更明确的目标，就会有更强的原动力，我要聚焦到一个领域去，只针对一个固定的人群，人为什么会累，就是因为对所从事的工作没有兴趣，人这一辈子不是为了财富而活着，也不是为了贪图享乐而活着，生命的意义在于被需要。我是一个只要想到就要做到的人，所以自己不懂就要花钱出去学习，我信奉只要能够花点钱快速学到的知识或者能力，就掏钱去学习。因为我听马云说过一句话："一个人有两怕，一个是怕比你有能力的人比你爱学习，一个是怕比你有钱的人比你爱学习。"

一个人的成就有多大，一是取决于他是否爱学习，二是取决于他的老师是谁，就这样我开启了长达一年的学习之旅。在这一年中的学习之旅中，我非常感

谢陈安之、徐鹤宁、刘一秒、张锦贵、余世维、李强、易发久、李践、尼克·胡哲、约翰·库提斯等国内外老师，但对我影响最大的是国内NLP权威导师——冯晓强老师，我感觉在他那里的收获和成长让我有了历史性的突破。

● 成功者都是先相信后看到，而普通人则是看到了才相信，先知先觉是领袖，后知后觉是追随者

一次偶然的机会，我在网上看到冯晓强老师的一个视频，他专门从事 NLP 的课程分享，主要是从根本上了解人、改变人。我通过助教联系到了他，他 8 月份正好在北京有一堂课，我要去学习。我跟公司高管说："我要开始我的学习之旅，去充电，再提升一下自己，公司暂时让你们管理。"

在培训中，其实我根本没有听进去什么，因为讲的很多内容都是我在别的老师那里听到过的，其实很多大课老师前端都是属于引流课，目的都是为了促销后面的课，就像我现在开的《经营智慧》，是属于和学员建立信赖感的课程，这个课程就是后端的课程，让你感觉哪一个课程都有点，哪个内容你都需要去学习，当听到第三天的时候，我听到冯晓强老师说要招收 10 个弟子，但是费用要 32.8 万元。

我第一时间就要冲上去报名，虽然我储蓄卡里没有那么多钱，但是他的课程每次都可以有 2000 多人听，我想一定还有可学的地方，我的理念就是能花钱解决的问题，一定不是问题，自己将来想要挣到更多钱，就必须得先学会花钱。

一个没有花过大钱的人，永远不会挣到大钱。就像一个在五星级酒店的服务员没有接受过五星级的服务，他怎么知道给客人提供五星级的服务呢？我立马想冲上去，刷信用卡我也要报。但是他有一个条件："想成为我弟子的人，口才演说的能力，必须要过关，因为我想培养十个讲师出来，我下个月 1 号就在北京开设销讲班，如果想要成为我的弟子，请先缴费 2 万元，学习一下我的销讲班，在销讲班，你只有能进入 2000 人对战前十名，你才有机会成为我的弟子。"就这

样我随即缴费报名了销讲班。

因为还有一个星期左右就开课了,我就干脆没有回成都,正好北京离我老家比较近,顺道坐车回到老家看望了一下父母,毕竟常年分开,一年只有春节的时候能见到一次,内心还是很愧对父母的,我想很多创业者应该也会有同样的想法。有句话叫作"子欲孝而亲不在,树欲静而风不止",没事要多陪伴一下父母。

在老家待了一个星期,又开启了北京的学习之旅,这次是销讲培训,课程内容就是三天时间,老师分享两天半,最后一天每个小组代表去舞台上对战。此前我还从没有站上2000人的舞台,我想我此生当中,必须抓住这个机会,必须让老师能够收我为徒,毕竟人生当中有个老师为你指引,能力的提升是很快速的。

在老师上课的时候,我不敢落下老师讲的每一个字,认真做笔记,学习是很辛苦的事情,因为老师一讲就是一上午,下午开始上课的时候,2点钟就开始,一直讲到下午6点半,中午困得不行,要使劲用手掐自己的大腿。眼睛困得睁不开就拿矿泉水洗把脸继续听讲。

因为课程都是一边讲一边训练,我第一次是在企业家的同学中间演讲,同学中不乏各地的企业家,大学的教授等。但是在训练口才的那一刻,我没有什么畏惧,因为心中有梦。晚上下课回到酒店都已经十一点了,因为后天就要登台对战,我要想上台对战就必须在我们小组40个人对战中获得胜利,所以回到酒店后我开始构思我的人生故事。其实演讲主要是引领人向善向上,人生故事必须精彩并大起大落,分为人生前期的故事、现在的故事、未来的故事。我构思完整个架构都已经凌晨4点钟了,因为我知道我去的目的不是为了小组突围,而是在2000人中获得冠军。

我用电脑把我的故事梳理成文字,当一个人的动力真的大过阻力的时候,就不会感觉到累,会感觉浑身充满能量。文稿前后改了8次,终于改好了,一看时间已经是早上7点15分了,睡也睡不着,洗洗脸,准备去上课。就这样结束了两天紧张的课程,到了晚上又开始一个人对着镜子练习手势和面部表情,还要用手机计算时间,因为规定每个人只能讲8分钟。超时一秒钟就被罚下,没有机会继续比赛。所以我必须把文字和时间卡到精准。晚上对着镜子不停地练习，不停地训练，其实所有台上辉煌的那一刻，都是因为在背后默默地做了无数次训练的结果。

第二天早上起来时，胳膊酸痛得都快抬不起来了，但是心中却像有团火焰一样在燃烧。在小组内开始对战比赛，虽然同组同学都是企业的高管，每个人平时在单位里肯定有不少讲话的机会，但我没有费太大劲就获得了第一名，小组全员选择我代表的小组和另外一个小组进行对战。因为总共有60个小组，必须要对战掉30个小组代表，第一轮才能胜出。下午在和隔壁小组进行比赛的时候，就很轻松地就把对方对战掉了，毕竟我之前已经有过几年小舞台的经验。

下午正式比赛开始的时候，所有人拿着小组的牌子。在我准备上台前，小组所有的同学都为我加油打气，感觉有点壮士出征的感觉。每个组都抽签进行比赛，我抽到的是第十个出场，也不算坏。虽然刚上台还有些紧张，但我很快就镇定了下来，因为我太渴望这次比赛的成功了。我在这里教大家一个上台不紧张的方法，就是首先调整自己的呼吸，深深地吸气，两个手掌相对不停地击掌，嘴里大声喊出某个单词，其实这也是一种积极的潜意识暗示。

轮到我上台演讲那一刻，我很平静，这是我第一次登上2000人的舞台，没有想象的那么激动，也没有想象的那么紧张，一切都感觉那么自然，当我深深地朝台下鞠躬那一刻，我知道这是属于我的舞台，我人生最大的梦想就是不断走向更大的舞台。

当我行云流水般地演讲完，台下响起雷鸣般的掌声，并在我走向台下时，下面的同学不住地跟我击掌，竖起大拇指说："你讲得太棒了，你讲得太好了。"最终如愿以偿，我获得了人生中2000人比赛第一次演说的冠军，当老师上台为我颁奖的时候，我激动地流泪了，也忘却了三天没睡觉的疲惫，一切都是值得的，在这里我要跟所有的创业朋友分享，有梦就要大胆去追逐，不要等到老的时候后悔，人生没有重复，需要的是有梦就去追。

04.聚焦，从成功走向成功

●你要想成为钻石，就要忍受钻石被切割的痛苦，欲戴皇冠必先承其重

获得比赛冠军，为我自己走上更大的舞台注入了一针强心剂。虽然老师收下了我这个弟子，但是除了32.8万元的学费外，老师还要求，在接下来的一年里每次开课我都必须过来做助教。我想既然要完成更大的梦想，我可以暂时放下一切。人生没有随随便便的成功，我之前看过一个故事，在这里给大家分享一下。

从前寺庙里面有一尊佛像和一块大理石地板，一天夜晚，大理石地板唉声叹气地对着佛像说："佛像，你我本是出自同一座深山老林，凭什么每天有无数人给你烧香磕头跪拜，而我每天却被无数人踩踏，这凭什么？"这时佛像微微一笑说："地板，你知道吗？虽说你我本是出自同一座深山，但你是否知道，本来当时的雕刻工匠认为你是一个刻成佛像的好材料，哪想到你太坚硬，切也切不动，刻也刻不动，所以没有办法，只能横竖两刀一切，把你切成了今天大理石地板的样子。你不曾知道，在你离开的一年以后，每天有无数的雕刻工匠不停在我身上雕、琢、磨、打、刻。"这个故事告诉我们，人生当中要经得起别人对我们的雕、琢、磨、打、刻，不然我们永远都是一块顽石。

老师的课程主要是安排在东莞和上海，因为我定居在成都，所以每一次老师开课我都要提前一天飞过去，帮助老师布置会场，同时组织同学们签到，开课的时候，晚上还要给老师的新学生进行课程的分享，而且吃住行都是自己解决。

2018年10月又在东莞开课，因为东莞没有机场，我必须要坐飞机到深圳，然后再打车到东莞，由于航班晚点，到达东莞已经是凌晨2点钟了。为了省钱，我打了辆顺风车，师傅是那种身高2米的大汉，车子行驶到半道的时候，师傅说路程太远了，你再给加点钱吧，如果不给加价就去不了了。我其实已经比平常多

给100多元了，还要多加钱，我很生气。他说你下车吧，我不拉你了。

就这样这个师傅把我放在了半路上，因为是在一个省道上，后半夜根本没什么车子，我背着行李包，一个人只能按照手机导航往东莞的方向走，一边走，一边想，也许这是老天爷在考验我。我人生中经历过的苦难太多了，这都不算什么，后来走着走着，突然间又下起了雨，雨水打在我的脸上，我委屈地流泪了，但是我向天空高喊一声："我一定可以站在一万人的舞台上，当着众人演讲。"

走到凌晨4点钟的时候，一个好心的大货车师傅，把我喊上了车，我一个人坐在大货车的后面，心想还是有好人的。到了酒店后，连澡都来不及洗，赶紧换衣服，去培训的会场，帮忙准备课程和签到。在冯晓强老师那里学习到了我人生中很多前所未有的观念，我认为对我人生有很重要的影响！

在追随冯老师的过程中，我进行过各种各样的体验。一次课程中冯老师和我们说："我现在要分享两个全世界最经典的成功秘诀，这个秘诀是我研究20多年来总结出来的，当今世界还没有10个人知道，昨天我在上海刚说给几个人听，你们也可以算是最早知道这个秘诀的人。"

我们弟子班的学员都非常兴奋，很认真地听着。

冯老师说："要成功一定要问自己两个问题：一、我要什么？二、我愿意付出什么代价？"冯老师说得非常精彩，我也有一种豁然开朗的感觉。老师说："一定要将自己想要什么写下来，写得越多越好。"

他又说："我见过一个人，一共写了1800多条，写了373页纸，甚至写到了100多年以后。"然后，老师让我们每个人至少写出50条自己想要的，同时至少写出50条所愿意付出的代价。

冯老师又看着我说："大维，你要当演说家，你要写得比任何一个人都要多，你知道吗？"我说："我明白。"我下定决心一定要努力，一定要实现我的梦想，而且要将我的梦想写下来，只有这样才不会让自己迷失方向。

随后冯老师又让我们看他自己的四套别墅和游艇，用来激励大家。冯老师又看着我说："要成功就必须先找到成功的榜样。大维，你要从事教育培训，那你必须要向世界第一名的教育培训公司学习,那当今世界第一名的教育培训机构在哪里呢?"

我说:"我明白了,我会加倍努力的,老师。"

我发自内心地感谢冯老师给我指明了方向,我只有认真学习,才能带领好团队,去实现我人生最初的梦想。人因梦想而伟大,因学习而改变,因行动而成功!

●没有谁能击垮你，除非你自甘堕落。不拼一把，你怎么知道自己的能力是强还是弱！比你差的人没有放弃，比你强的人仍在努力，你有什么资格说你无能为力

2018年12月5日，我飞到了海南，这次参加冯晓强老师的弟子班，只有一个目的——学会所有的一切。来之前，我把所有我要学的东西全部写了下来，并规定自己何时学会。晚上12点左右到了海南，并在机构安排的住处住了下来。

凌晨1点钟左右，我看到了孙秒老师，他刚训练团队回来。我第一次见到孙秒老师的时候，感觉他很年轻，看上去只有二十五六岁，想不到他已经30多岁了，不知他怎么会如此有激情。

他进来后，主动自我介绍："我是孙秒，是这次培训弟子班的助教老师。"这几天我会陪伴大家，并把大家潜能激发十倍。

第二天早上7点多钟，我醒来时发现我们同寝室的室友已经醒来，洗漱完毕后我又和他聊了起来。他很认真地说："你这次是来学习的，学习最有效的方法就是亲自参与其中，只有把练习当比赛才能成功。"

孙秒很早就来到我们的住处，对着我们说："弟子班最严格的训练，第一天要换回100张名片，如果没有换回来的话你就不要回来了，因为这是标准。如果你做不到，那么你就不配来到我的团队里。我最初加入老师弟子班时也是一样的，我们现在所有的人都一样，我相信你也一定可以做到。"

同时，他告诉我在行动之前先把行动的理由写出来，这样会给自己足够的动机，有利于目标的达成。我心想：天哪，这怎么可能做得到？100张名片我到哪里去找呀？难道要我到大街上一个个去要吗？这是什么规定呀！

他好像看出了我的心思，接着说："换名片就是要让你们体验一下被人拒绝

的感受，建立你的自信心，一个人最需要的能力就是推销能力，今天换名片就是在推销你自己。如果你连自己都推销不了，那以后要你推销产品不是更难吗？"

我觉得有道理，不能放弃。我知道我来这里的目的，我不能空手而回，成都的团队还在等我呢，我不能让大家失望。于是，我就在本子上写了几个理由：

我从成都过来是来学习的，因此一定要全力以赴。

如果我没办法做到，那我也没办法要求我的团队成员做到。我一定要严格要求自己，千万不能被人小看。

我要向老师学习，所有人都能做到，我没有理由做不到，做不到的话我会很没面子。

我相信我能做到，我一定要做到。

写完以上理由我就出发了。那天好像老天有意要考验我，雨下得很大。

我对海南的地形不太熟，心想：怎么完成任务呀！电梯从30楼下到1楼的时间里我一直在思考方法。就在电梯打开的一瞬间我有了方法，那就是到人多的地方，同时大家都要有名片，最好是商务场所。

随后我就打电话给在海南的朋友，问海南哪里人最多。他们告诉我，海南最近在会展中心办车展。我一想，太棒了！这样的地方都是商人，应该可以换到名片。于是顾不上外面下着大雨，就冲进一辆出租车，来到了车展会现场。

刚好今天有一个展会，于是我很顺利地换到了220多张名片，一看时间还不到11点。有人说："成功很简单，只要方法正确。"的确是这样，选对池塘钓大鱼。今天的换名片让我明白了做任何事情，只要一定做，同时找对方法，就会很容易。

我打了一个电话给孙秒，我告诉他说："我换到名片了。"刚开始他不太相信，怎么可能这么容易换到，因为有太多人换不到而被淘汰了。于是孙老师给我建议：一是可以自己去玩，等晚上6点到酒店接受训练；二是可以继续换名片，看最高纪录能换多少张，以后可以给团队成员做榜样。

晚上6点回到酒店时，认识了几名团队成员，没过多久孙老师也到了。和我同时到的还有另一个人，他没有换到100张名片，孙老师毫不犹豫，将他赶了出去。我心想："哇！看来是来真的，不是开玩笑。"

轮到我汇报情况时，我向大家介绍了自己，并报告说我已成功换回200多张名片，同时将名片拿出来给大家看，这样我顺利过关，还收获了大量的掌声和"你是最棒的"的鼓励声，感觉真是不错。

随后晓强老师出现，帮助我们进行一天的总结，老师又让大家设定目标，同时教了一些东西，训练结束时都已经2点多了。

当天晚上我和团队成员一起回到酒店，到酒店会场后，大家在客厅里练习电话营销话术，轮流去洗澡，同时还要手写目标100遍，这样一直练到了凌晨4点。对我来说，真的是第一次感受到这么疯狂的人，最后有几个人就坐在客厅的沙发上睡着了，我便和其他人进了房间。我记得当时有一个叫刘文涛的人，话都说不清楚，冯老师让他要比别人努力15倍，所以他每天早晚要写目标300遍，基本上没有睡眠时间。没想到多年过去了，原来我觉得不可能成功的人现在居然也成了培训师。当时和我一起的还有一个叫杨津华的人，现在也是一个培训师，还挺成功的，现在开的是宝马7系。所以说，努力一定会让你成功的。

第二天早上6点多我就醒了，在床上打开本子手写目标50遍，可以说我是闭着眼睛写的。连续两个晚上只睡了2个多小时，对我来说是有史以来的第一次，难免有点困。

但他们几个也还是挺精神的，在大家洗漱完毕后前往酒店会场，大家在晨会上，跳激烈的热身舞，互相喊"你是最棒的"，相互激励。我不会跳，就跟他们学，跳完一遍后我又要求他们再教我一遍，他们知道我是从成都过来学习的，也乐意教我。

连续几天都是这样，冯老师的"高压电"真是强，有一个伙伴状态不好，没有达成目标，被逼站在一幅画的面前大声喊"我是最棒的"100次，喊完后那人声音都哑了。可奇怪的是，第二天他就有业绩了。这些东西我都看在眼里，刻在心里。

接下来的两天训练都到凌晨3点，结束后我再回住的地方，洗完澡还要手写目标50遍，写着写着就这样睡着了。第二天6点多醒来，闭着眼睛手写目标50遍，有时候起来看看自己写的目标，都看不清楚自己写的什么。

连续几天都是很紧张地工作，打电话打到嘴巴酸起来，早晚还要各写目标50遍，就是把自己今年要达成的目标写在本子上。孙秒老师说："这是冯晓强老师教的，加深印象。"让我们的脑子里时刻想着我们的目标，这样动力就会比较足。

同时，每天早上起来还要大声地自我确认：

我可以在任何时间、任何地点销售任何产品给任何人。所有的公司都主动请我去演讲。

所有顾客都主动地跟我购买商品，我是最顶尖的推销员。

我是最有魅力的人。

所有的人都非常喜欢我。我的朋友都是一流人物。我是最棒的人。

我是最有自信的人。我是最有行动力的人。我是最有毅力的人。我每天神采飞扬。

我拥有成功的习惯。

我的时间管理真是好得没话说。

我的收入每年以百倍以上的速度快速增长。

以上所有自我确认的潜意识词句都立刻输入我的潜意识。

每当我在复习这些自我确认词句的时候，这些词句都会在我脑海中倍增100倍以上，并永远不忘。

每天都要念，晨会上要背诵这些口诀。说实在的，那一段日子我们都像一个个"疯子"。虽然看起来自己像疯子，可这一招还是非常有效的，慢慢地我开始变得越来越自信，我发现我们团队的成员也一天天起了变化。

后来我回到公司时，就把这套自我确认的方法加入到早会当中，效果非常好，我们员工在自信心上都会有10倍以上的提升。所以，生命当中没有任何努力是白费的，没有任何经历是浪费的。

最有效地教别人的方法就是身体力行。可以这么说，今天我有这样的成就，都是从冯晓强老师那里学来的。世界上最远的距离就是从知道到做到的距离。冯晓强老师有现在的成就，都是在他不懈地努力下而得来的。只是我们不知道他努力的过程，无法复制他的方法。

虽然很多人学了他的 NLP 课程，但还是不会做，还是没有成功。学习是拿来"用"的，不是拿来学的。这就是为什么很多人虽然看过很多书，上了很多课程还是没有成功。你和这些人聊天时，一提到这些理念，他们比你还要懂，但他们的"结果"却实在令人失望。

我从冯晓强老师身上学到最重要的一点，就是他使用的这些 NLP 训练方法，我看到他每天早晚也在写目标。我们经常交流到凌晨两三点，让我学到非常多的东西，同时也验证老师的很多理念，以前不知道怎么用，才让自己那么狼狈。

在海南集训时间虽然很累，每天最多睡三个小时，所有的伙伴都一样，但学到了最多的"东西"，也和当时的几位伙伴结下了深厚的友谊。

人生就这样，做任何事情都要付出代价，我们需要勇气来做决定，有些时候我们也明知要改变，要下定决心，但真正要抉择的时候又下不了决心。

多年后我总结这段人生经历：要想得到别人得不到的荣耀，就要忍受别人耐不住的寂寞，华丽蜕变的光环背后，总会饱含常人难以承受的辛酸。一生中，总有那么一段时间需要你自己走，自己扛，不要害怕孤单，这只不过是成长的代价。

05. 学会团队合作，不是 1+1=2，团队是 1+1=11 的过程

● 一个人可以走得更快，但一群人会走得更远！一滴水只有放进大海里才永远不会干涸，一个人只有当他把自己和集体事业融合在一起的时候才最有力量

● 一个人若想成功，不是组建一个团队，就是加入一个团队！在这个瞬息万变的世界里，单打独斗者的路会越走越窄，只有选择志同道合的伙伴，才会走向成功

● 没有人会追随一个人，所有人只会共同去追寻一个大的梦想，追寻一个伟大的策略

● 一个人可以走得更快，但一群人会走得更远！一滴水只有放进大海里才永远不会干涸，一个人只有当他把自己和集体事业融合在一起的时候才最有力量

我从来没有想过会出版第二本书，以前看到别人能出书，感觉很厉害，没想到这本书已经是我的第二本了。但生命中有些事情说发生就发生了，不是因为你多优秀，而是因为你身边有什么样的人。过去那么久，我看到身边所有的老师，都会出书立传，有一天，我在办公室当着所有员工的面，我说我要写一本书。

我清楚地记得，我们公司的所有员工听着没有任何反应，以为我在跟他们开玩笑，以为我在和他们吹牛呢。但是我这个人说出去的话，就一定会做到。其实你会发现，所有的成功者都是拥有一种特质精神，成功者一定是先相信然后立马去做。而普通人是看到了结果才会去追随。

对于能否写好我还是没有把握，不知道我的书写出来后是否有人愿意买。所以我将写着"《演说—征服世界的艺术》畅销800万册，2019年畅销书排行榜第一名"的纸条贴在我的办公桌对面的梦想板上，然后我就开始构思，如何把这本书写出来。

我分析过所有老师的演讲内容，发现他都在讲一个概念，举2~3个的例子来证明这个概念，一般3天的课程中间会穿插50个故事左右，我根据这些来构思我的书，列了几个框架给自己参考，可怎么样才能写出来呢？

从来没有写过书，我能行吗？我一直问我自己，吹牛可以不打草稿，但真正地写一本书可不是吹吹牛就可以的。但我都已经吹出去了，我团队的所有成员都知道我要写书了，我肯定不能不写。

工作后已经快8年没有写过这么多文字了，不知从哪里下笔。这时我想起以

前在大学读书的时候，我的毕业论文一个星期都能写出来，可见我的文字功底还是有的，因为从上小学的时候，我的语文水平一直都是班级名列前茅。

这样一想我倒是提升了不少自信心，我相信所有的语言都是无力的，只有真诚的发自内心的东西才会有力量。只要我能把我的真实感受写出来，一定没有多大困难。我想起一位朋友说的，现在像我这样的人生经历，可以用两年的时间，就在一个行业成为翘楚，而且一直做演说培训，为什么不能把演说写成文字呢？

如果我能给今天的年轻人树立一个榜样那是很不错的，那将会是一件很有意义的事情。同时，如果能把我的经验和别人分享，在他们看过我的成功历程后，可以克服各种自我设限、突破障碍、改写人生，这将会是一件非常有意义的事情。虽然我很平凡，但我可以做一些不平凡的事情。现在有很多人想快速成功，不知道如何下手，那我就教人通过演说如何快速成功，这样一想马上来了灵感。

我相信，我一定可以写好这本书，并且会对社会有所帮助。我把这本书定义为帮助青少年提升演说能力的相关书籍，因为我知道如果我要做青少年培训，我必须写出一本书来宣传自己。

经过4个月的努力，我把书写好了，其实我自己都不知道本书怎么写出来的，每一次动笔都焦头烂额，不断地查找资料，但是只要你相信自己能做，你就一定能够做到，当初写完一看20万字左右，算起来速度也是挺快的，书写好了。我认为我写的那本书，主要是帮助年轻人和青少年学会演说，锻炼口才。我感觉自己的人生又开始向前了一步，我开始慢慢实现自己的价值了，这就是梦想驱动的力量。

其实任何事情只要你自己亲身体验了才会知道结果，所以我自己的感受就是每一个公司都要出一本属于自己的书籍，因为只有故事才会打动人，只有故事才会影响人，就像我这次决定再写这本《成功并没有你想象那么难》一样，我是想通过我自己的人生故事，去影响那些和我一样的创业者，或者正在想创业的人，少走一些弯路。同时能够更好地激励那些还在迷茫中的年轻人。

我学习了国内外50多位老师的课程，先后花费了人民币300多万元，通过我过去几年的创业经验，慢慢打磨出一套属于自己的课程，我前端主打的课程叫"经验智慧"。你会发现，如果你能在一个行业快速地立足，已经很不容易了，而我的选择是放弃了自己原有的行业，重新开辟出另外一条道路，虽然我已经把我的课程打磨得非常好了，但是如果没有人来听，这个课程将一文不值。

由于我想快速地扩张，当时我就直接重新租了一个办公室，开始大规模地招兵买马。做任何事情都不要着急，没有一口能够吃一个胖子的人，那样也会导致老虎吃天，无从下口。我本身是一个属于大冒险家的角色，一个人为了梦想，可以放弃自己的生命。但是随着年龄的增长，我开始慢慢变得用智慧去做事情，任何事情的决定都会采取测试，我相信测试的结果，这也是我过去创业几年收获的宝贵经验。

由于我大规模地扩张，过了5个月后，我一看财务报表，每个月公司都在亏损20万元以上，我当时没有任何办法，因为账上的钱已经不多了，所以我立马决定，把不称职的员工全部裁掉，来扭亏为盈。我们在创业过程中，一个企业创造利润的只是少数人，有很多员工都属于负债员工，但是我这个人有的时候，会把感情放在前面，宁可自己苦点儿，也不想辜负任何一个兄弟姐妹的信任，所以当时瞬间做了决定，要走慢一点，其实现在回想起来，有的时候，人生最大的极限是梦想和能力还没有正好匹配，让我们慢慢从小开始。

通过调整后，我记得开始做"经营智慧"培训第一场是2019年5月25日，现场有100多人。刚开始因为自己第一次单独开课，心里面感觉自己不是很靠谱，但是我告诉自己，我是最棒的，我喜欢我自己。其实人生很多时候，需要不断地给予自己肯定和激励。

在我人生遇到困难的时候，我一般会在喜马拉雅APP上听我自己录的潜意识CD，人生当中如果没有人激励你前行，那就需要你自己激励自己前行！有时一天授课下来，学员满意度非常高，但是因为在卖课环节，我们的团队成员没有任何经验，加之没有准备刷卡机，致使课程无法当场售卖。

有失就有得，通过那次经验教训，让我意识到，服务客户的水平决定成功的速度，服务客户的水平也决定了我们自身的水平。时至今日，我们的课程，可以每个月开一期，每期至少有 500~800 人参加，卖课环节再也没有出现过问题。我的课程都是一路走来的人生经验的精华分享，同时我也把 10 年来打造团队的精华内容，即如何激发和引爆销售团队的秘诀在里面毫无保留地分享。

这保证了我的课程能够快速地让市场欣然接受，很多学员听完我前面的课程，又花几万元报我的后端课程。

我想说，人生没有随便的成功，就像 2020 年初疫情一样，很多公司选择了休息，我们却很快速地开始售卖线上课程，其实普通人看到的永远是困难，但是成功者看到的永远都是机会！

有人说，讲起来很轻松，但做起来却没那么容易，这倒是事实。但是我要告诉大家，用逆向思维去思考一下，我们未来要过什么样的人生，我想得到什么结果？我应该通过什么方法可以得到这样的结果，得到这样的结果我要为此付出什么行动呢？

世界上最遥远的距离就是脑袋到心的距离，这一尺半的距离，是我们一生中修行的结果。人生有梦才会更加的精彩，要问我一步步从一个农村孩子到今天的励志演说培训师，最大的秘诀是什么，我想告诉所有人，没有秘诀就是最大的秘诀，没有雨伞的孩子要学会努力奔跑。

如果还有其他需要总结的，那就是付出和利他精神吧！我很喜欢帮助我身边的人去实现他们的梦想。在我们公司，每个人都会做一个梦想板，每个人的梦想都写在上面，其实这个是我跟惠普学习的，因为每一个年轻人进到一家新公司都是迷茫的，他并不知道自己想要什么，作为公司的领头人，一定要帮助他树立目标和告诉他梦想是什么？因为只有身边的人梦想都实现了，我们的梦想就顺带着实现了！

●一个人若想成功，不是组建一个团队，就是加入一个团队！在这个瞬息万变的世界里，单打独斗者的路会越走越窄，只有选择志同道合的伙伴，才会走向成功

有一段时间，我主要的工作就是在云、贵、川进行演讲，销售我公司的产品。现在想起来真是没有意义，自己各地开车跑来跑去，慢慢地和团队的沟通就越来越少了，我能感觉到大家业绩不好的时候，激情也就随之降低了。这时候大家的意见就没有原来那么统一了，以前我说什么大家就执行什么，但现在做不到了，我也感觉得出我的领导力在一天天地消失。

多年后我明白了一句话：一流的领导管理员工的思维，二流的领导管理员工的行为。当时我并没有去仔细地检讨自己，还是不停地盲目行动，其实这是我领导力不足的表现，当时我根本没有领导能力。一流的领导应该是不断地鼓励员工，而非强制要求员工做某件事情，否则只能适得其反。现在回过头来分析我当时的状况，主要原因还是在于我当时的心态不够好，总想快速地拿到结果。

我把自己的角色搞错，把自己当成救世主了。因为我过去一直是销售冠军的思维，所以一般的人我根本不看在眼里，我总是拿他们跟我比较，后来才明白，每个人都是独一无二的，世界上没有两个相同的人，没有人会和我有一样的思维和行为。我认为我做老板都这么努力，你们做员工的应该更努力才对，怎么可以偷懒呢？

其实我的想法是错的，如果每个人都有像我一样的想法，那么他们也不会跟着我了，他们可能自己去创业了。我在那段时间感觉很疲惫，总是自己生闷气。

我感觉自己也在犯一个同样的错误——不重视别人。通常在强者的眼里一切都靠自己，要想顽强地活下去，就必须让自己有超强的能力，尽量少的依赖

别人。因此我很少去在意别人的感受，只活在自己的世界里，从来不担心别人的背叛，因为我相信我有能力收拾残局，同时我也相信我有打败别人的能力。

强者只喜欢强者，看不上一般的人，一般人在他眼里只有能力的差别，没有危险指数，能用就用，不能用也不强求。这种思维模式决定了我对员工的关注度不高，韩信之所以离开项羽而投奔刘邦，是因为他在项羽手下没有成就感，为什么他会没有成就感呢？

韩信的能力虽然很强，但在项羽的眼中却是一般，为什么呢？因为项羽自己很强，所以韩信的能力就不足以显现。而韩信到了刘邦那里之后，由于刘邦的带兵能力不行，就会重用韩信，因而在刘邦那里就显出韩信的重要性，又没有人压制他的才能，自然潜能得到激发，就会表现得越来越好。而在项羽那边肯定不会受到重用。

如果是一对一单挑的话，项羽是完全可以打败韩信的，无论是武功还是韬略，项羽都算得上是当时天下第一的高手，但问题是刘邦那里有很多像韩信这样的人，而且大都是从项羽那边跑过去的，对项羽的性格及才能相对比较了解。如果敌对的人对你很了解，你要对付起来就不太容易了。

项羽的知识面再广，能力再强，也抵不过一个术业有专攻的团队的精心谋划，于是就这样失败了。这让我想到为什么我这么多年来，身边没有凝聚一大批有能力的、为我所用的人，主要的原因是我前几年认为自己"太强了"，对员工未加以重视，虽然他们在别人的眼里可能很优秀，但我觉得和我相比相差太远，我根本不怕他们离开。因为我从不担心没有他们我会怎么样，也从不担心少了他们我的公司会发展不了或活不下去。

对于他们的心理状态我自然很少去触及，也不愿意花时间和他们聊天相处，只是在不断地发挥着自己的强处。总有一种思想在告诉自己："靠山山倒，靠人人跑，靠自己最好。"所以很少去做员工的思想工作，或许一个人本来是有心跟随的，但因受关注程度不够，慢慢地他会发现自己在公司里是可有可无的，找不到自己的位置，然后无趣地离开。而我很少和他们沟通，就会给这种离开的人贴一个标签：这个人没有下定决心跟随我，离开是对我的背叛。

为了让自己变得更加强大，于是就开始新一轮地武装自己，然后更看不起员工的才能，最后成了独孤求败！

以前我没有发现信任的重要性，现在企业越做越大，越发现信任的难能可贵。在这个复杂的社会中，要真正百分百地相信一个人真的是太难了，小到买卖产品、团队合作，大到职务任命、权利分配。这个世界最大的成本就是信任成本。如果不相信别人，我们将活得太累，而且很多事情根本没有办法开展。现在我开始体会领导人的"无为"，说得很容易，但要做到实在是太难了。

我发现所有的英雄人物都有着强大的自信心，同时都遭受过或多或少的背叛，因而对别人缺乏信心，总是抱持着怀疑的态度来看人，而不能百分百地信任对方。因为他们知道信任是要付出代价的，而对他们的能力而言，信任自己比信任别人要好，自然就不会想到要收买人心，百分百地让别人相信自己，为自己所用。不能做到这一点，就注定了凡事只能靠自己，累死自己。

我必须检讨自己，接下来要做的不是我的强大，而是要凝聚团队的力量，让团队的成员激发潜能，给他们更大的舞台放手让他们表现，那样才有可能成就一个强大的商业帝国。如果不做改变的话，终有一天我也会重蹈项羽那样的覆辙！

我相信自己的领导力，不管过去犯过多少错误，但我现在意识到问题所在，接下来一定会有一个新的开始。独木不成林，一个好汉三个帮，一个篱笆三个桩。或许是因为有了如此深刻的认识，我的人生才有了现在的成就。我人生第一次创业，就吸收了两个股东一起成立了"西点"学院——成都西点体验教育科技有限公司，并把公司开在了成都。

在创业不到三年的时间里我们就创造了无数奇迹，也让我及公司的很多人都从此变成了成功者。2018年有人以新东方的创业历程拍了一部电影《中国合伙人》，其实我们三个人合作的故事会比《中国合伙人》更精彩，期待我们能创造比新东方更伟大的奇迹。

我的两个优秀合伙人，一个是我多年前的学员，一个是我大学的师弟。这两个人成为除我老婆之外最重要的事业伙伴，因为有他们两个人的加入，我的事业插才上了起飞的翅膀。

首先我向大家介绍一下我公司的黄欢喜，她是我众多学生中最优秀的一个，虽然文化水平不高，却有着非同一般人的经历，她的执行力一流，从她身上我看到了什么叫优秀。于是我就把她吸收成了股东，下面一起来听听她的故事吧。

人到中年，黄欢喜突然有种感觉，与同龄人相比，她认为自己活得没有方向、没有目标、没有追求，只知道天天上班后就拿月薪。这不是一个错觉，也不是一个笑话，而是真实感受。

2015年一次偶然的机会，她被公司委派出去拓展，在成都桃花山培训时让她受益匪浅，虽然在过程中经历了泪水、汗水，但是她收获满满。

她特别感谢我，那一场培训使她发生了翻天覆地的变化，改变主要有以下几点：

时间观念：从以前每月都会至少一次迟到改变成只提前不推后；

逻辑思维：以前想到哪做到哪改变成按顺序做；

团队荣誉：以前是团队优秀我就优秀改变成团队优秀我先优秀。

在我的一次培训课堂上，她顿悟人生，蜕变自我，寻求生命的价值和意义。她问我："贵公司招人吗？"其实她所在的公司领导对她也非常好，不足的是收入不高，出于感情考虑她不能离开，只是了解一下而已。

两年后，她因为支持她先生的事业而放弃了工作离开了高薪公司，选择做了干杂店的服务员，半年的时间里她总是早起晚归，每个月拿着不够生活费的薪水，经常都是苦瓜脸，有些人都叫她怨妇，让她感觉生活度日如年。半年时间里因为店里进货意见不统一，孩子没人带等原因导致夫妻关系不和谐，孩子总是叛逆，每天的日子都过得非常的煎熬，总是在晚上以泪洗面。于是她下定决心一定要放弃这份工作。

她到底该何去何从呢？她不知道人生该走向哪里？日出日落，光阴流逝，她却在蹉跎岁月，她用每天做家庭主妇混日子来过每天的生活。有一次喝醉酒后一个朋友把她骂醒了，原来她的人生也可以精彩和绽放，于是她从大脑里搜索认识的人，就想到了我当时培训对她的帮助，所以联系了我，期待能遇到最真最善最美好的自己，完成生命中华丽的蜕变。她跟自己的先生说过一句话："此生嫁你13年了我第一次为自己而活，以前都是为家人而活。"联系我后来到了公司面试，她觉得打扮得挺时尚的，没想到在别人眼中却还是一个农村妇女形象，因为她从来不懂得化妆，也不会化妆；但是我没有看她的缺点，却看到了她的优点，回复了她："面试通过。"

面试后她回家准备好了上班的一切，她渴望成功，渴望改变命运地来到了"西点"。她发现，以前的一个农村怨妇，脾气暴躁的她虚度了生命，以后一定要让生命精彩绽放。经过我的引导和训练，她从家庭主妇到持续成为公司销售冠军，从不敢上台讲话到现在可以站在500人的舞台上侃侃而谈，从夫妻关系不好到家庭幸福，从孩子叛逆到孩子主动爱上学习，她完成了人生的蜕变。

她用最真挚的心接受智者的抚慰。忏悔她那些浪费的岁月，找回深埋她内心的勇气和信心，发誓在教育培训界创造辉煌。

首先说说她的演讲水平吧，我带领着她进行一次又一次的挑战取得了以下成果。

第一次站在公司开会的台上做自我介绍她都会非常紧张，并且一说话就手脚不知道怎么放才好。经过我的多次指导，十天后就可以在参加沙龙时进行分享三至五分钟；一个月后即可做一场线下沙龙的主持；两个月后主持得到台下所有人的欣赏；三个月后可以自己讲一场销售课，并且得到同行的认可；五个月的时间就和我学会了销讲，真的做到了把话说出去把钱收回来；一年后每场的销售率达80%以上。

接下来说说她的生活。同事下班时她还在加班，同事双休时她却一天都不休息，时时都在上班状态，并且晚上睡觉也会梦到客户。经过两年时间的努力，她在成都拥有了自己的车子和房子、商铺，女儿18岁来到成都上大学，儿子7岁来到了成都上寄宿学校，她先生也爱上了学习，拥有了自己的事业，非常有社会责任感，家庭美满幸福。

以上这些全是认识我后让她发生的改变。

当然在这条路上也有一些酸甜苦辣，可是她总是告诉自己，下一个奇迹就是她自己。无论在什么地方，她都是最棒的，她每天神采飞扬，魅力四射，她每天都告诉自己，她是超级演说者，她是顶尖销售高手，她拥有大量的人脉，她拥有宽广的胸怀，她是自己人生的创造者。她让自己天天充满能量，天天拥有一个好的状态去感染和影响身边更多的人。

从玩世不恭的少年到成熟稳重的副总：任鹏。

7年前，他的人生正处于迷茫阶段；

7年前，他因沉迷网络赌博欠下巨额赌债，几近绝望；

7年前，走投无路的他因我的一个电话，重拾信心！

他出生在一个小村庄，跟很多农村孩子一样，家里条件不是太好，但是有着一个快乐的童年，从小父母就教育他要努力读书改变命运，所以一直到初中他都很努力学习，但是上了高中后学习实在跟不上，为了可以上大学不得不报考体育生，终于，2009年的一纸通知书让他从小村庄来到了成都这个大城市开始了他的求学之路。

因为家里经济条件不好，也不想让父母有太大的压力，大学期间他坚持半工半读，经常在外兼职赚取生活费，大二那年为了能够有更多的兼职机会，他把一年的学费花掉办理了一张兼职卡，原本以为这样就可以更多接收到中介公司的兼职信息，哪想到上当被骗，一整年的学费打了水漂，为了能够在毕业前把学费还上，大学四年他在外面吃了很多苦，受过很多委屈，也一个人哭过，终于在毕业前补足了学费。

大学毕业后，在工作岗位上还算勤恳，两年时间小有积蓄，但是自己却变得浮躁起来，迷恋上了网络赌博，一个月的时间将自己所有的积蓄全部输光。为了能够捞回本钱，他又骗了父母整整10万元的养老钱，结果越陷越深，后来不得不去借高利贷，最终负债70多万元。那段日子真正是他人生最黑暗的日子，他每天浑浑噩噩，找不到人生的方向，不知如何是好。

那天晚上外面下着雨，他站在桥边凝视着东风渠，突然电话响起，就这样，他接到了改变人生命运的一个电话，他对着电话那头说明了他现在的情况，结果电话那头出现了一个声音："人生本来就不是完美的，我们都是在不断追求完美的过程，你可以输，但是你不能怕。"这句话就像一针强心剂，一下子把他从绝望的边缘拉了回来。他在大雨中咆哮，带着力量，带着激情，像角斗士，雄赳赳气昂昂，向命运宣战！就是这个电话，让他重拾信心，他毅然决然投奔我，加入"西点"学院，开启了他人生的又一次转折点！

记得当初是"西点"学院的创业期，我收留了他，起初我对他说："相信我，给我一年的时间，只要你全力以赴，我一定带你走出困境。"就这样他很荣幸地成为了"西点"学院第一个员工。如果生命中有一位智者，可以为我们指引前程，让我们顿悟，那么，这位智者就是值得我们追随一辈子的人。他时常对他身边的朋友说，在他生命中能够遇到我，是他最大的福分。

只要用心，就有可能，只要开始，永远不晚。跟随我短短七个月的时间，他不仅还上了所有的负债，后来还买了轿车和房子，让自己真正地在成都这个城市站稳脚跟，教育事业让他的生活变得富足，让他的灵魂得到了升华。如今的他，人生多姿多彩，从默默付出到现在带领团队所向披靡，拿下一个又一个销冠，创造了一个又一个奇迹，成就客户，成就团队已经成为他的使命！

加入"西点"学院至今，时间如流水般逝去，回想走过的岁月，让人难忘，让人怀念，在"西点"的每一天，他都倍感珍惜，心存感激。他希望发生在他身上的改变可以影响更多的人，他也衷心希望更多有梦想有志向的伙伴可以走进"西点"，加入"西点"，遇到最好的自己。

这是一直伴随我创业到今天的两位股东，其实在我的课堂上，有位学员曾经问我，他想创业，该如何选择合伙人。其实我想说的是，合伙人真的很难选择，因为好多公司创业才刚刚开始，合伙人就干不下去了，我的理解就是彼此双方互补吧。在这里我的经验就是测试,任何合伙人先要经过一段时间的测试,而不是两个人头脑一发热就开始合伙做事情,这样用不了多长时间基本就得宣告失败。

其实合伙人有两三种标准:①能够独当一面。如果不能独当一面就选为合伙人,这样会拖累团队前进的脚步,选择合伙人最起码能够在一个领域独当一面,这是最基本的标准。②忠诚型。跟着公司很多年,任劳任怨,这样也可以选择成为合伙人,其实只有分得明白,才能合作得顺畅。③业务水平一流。为了能够彼此取得更大的发展,业务水平能力很强的也可以吸纳为合伙人。除此三种之外,其他优质品质也适合选择为合伙人。其实"西点"还在慢慢地发展中,公司的股东会越来越多。我常常告诉所有的员工,公司永远都不属于我,永远都是属于大家的,只不过是我给大家创造了相见的机会而已。

●没有人会追随一个人，所有人只会共同去追寻一个伟大的梦想，追寻一个伟大的策略

潜能激发大师安东尼·罗宾说："这个世界上赚钱的行业很多，但没有一个行业比帮助别人改变命运、帮助别人成功来得更有价值，更有意义。"

公司能够快速地发展，这要感谢2018年我遇到的冯晓强老师，他让我找到了我的优势，也让我学会了经营自己的长处，同时把所有的精力聚焦到了培训这个领域。他的一句话点醒了我："我们只能从成功走向成功，你已经成功了，哪怕只有一点点的成功都可以把它放大，直至变成更大的成功。不要去改正缺点，而要发挥优点，因为无论我们如何改正缺点，我们都无法超越原来就具备优点的人。"

我醒悟了，这么多年我一直都在不断地慢慢摸索前进，我的一大优势是这么多年我一直在培训行业摸爬滚打，具有演讲的功底，同时又会写书，又会营销，又会打造团队，加之这几年所储备的知识，这些资源结合起来将会是我的一大核心竞争力。

但过去8年的创业历程让我明白了一个道理：任何一个伟大的事业都不是一个人能做成的，只有找到志同道合的人组成团队才能实现梦想，单打独斗是不行的，我必须改变。我要的不应该是百分之百的控股权，而是要做成一份有意义的事业，这样才能证明我的人生价值，我必须把股份分出去，吸引更多优秀的人加入。

在综合分析后，我选择了吸收黄欢喜和任鹏成为联合创始人，因为他们两个人身上有我所没有的特质，可以和我形成优势互补，我相信有了他们两人的加盟，可以更快地实现我的梦想。于是，"西点"学院就这样横空出世了。

创办西点学院的初衷是，将我这么多年来学习到的各种的知识，如管理学、营销学、语言学、行为心理学、家庭教育等结合到教学中，帮助更多中小微企业家解决打造团队、经营家庭、教育孩子的难题，通过课程来提升学员们的想象力、判断力、决策力及创造力，从而帮助更多学员建立正确的思维模式和行为方式。

我给"西点"定的愿景是：立志成为著名的培训机构！

我给"西点"定的使命是：帮助老板身心解放，业绩倍增！让参加培训的学员更优秀！

我给"西点"定的价值观是：诚信、感恩、卓越、责任、敬业。

我给"西点"定的宗旨是：全心全意为客户服务，帮助客户创造价值。

我给"西点"定的服务理念是：服务客户的心永不改变，成就员工的心永不改变，回报国家的心永不改变！

我给自己及"西点"定的目标是：帮助更多的企业家做大做强，帮助更多的家庭生活幸福美满！

我给自己定的人生使命是：透过商道智慧的广泛普及，培养一大批具有高度创新精神的优秀企业家。

为了坚定信念，我决定以写出这本书的方式来告别我人生的前30年，再重新开启后面的人生。

此外我又写了一篇文章，并当作公司企业文化，名为《我有一个梦想》。

亲爱的兄弟姐妹们，

曾经我们凝心聚力，以梦为马，

曾经我们汲取春的甘霖，盛放于夏，

曾经我们踏破秋的萧瑟，傲视寒冬，

尽管一路波澜，但我依然怀有一个梦想！

这个梦想深深地根植于每个西点人的梦想之中！

帮助人们提升思维，启迪智慧，

让更多的人过上幸福、快乐、成功的生活，

我梦想有一天，

所有的人，都不在为修身、治企、教子、获取幸福而烦恼，因为"经营智慧"将会让每一个人找到经营自我、经营孩子、经营家庭、经营事业的核心密码，

让幸福洋溢在每个人的脸上！让智慧注入每个人的灵魂！

我梦想有一天，

所有人都不在为不会说话而苦恼，

因为"演说智慧"将帮助你撕下面子，走向聚光灯下的舞台，

每个人都可以成为被别人推崇崇拜的对象，每个人都可以面对众人侃侃而谈！

我梦想有一天，

"说服智慧"，成为商业人士的必修课，

将帮助他们了解人、改变人、领导人，

改变语言模式让他们更快速地成功，轻松赚钱，潇洒生活。

我梦想有一天，

"销讲智慧"，成为每一个企业家的核心武器，

从此之后学会批发式成交，收人、收心、信手拈来，

让每个老板成为员工心目中的绝对偶像，

真正做到业绩倍增、财富自由！

我梦想有一天，

所有的孩子都不在为学习而徘徊，

因为"我应为王"，将帮助他们能够成功开启智慧的大脑，

打开语言的开关，掌握更好的学习方法。

用更少的时间吸收到更多的资讯，

让每个孩子长大之后都成为祖国的栋梁之材！

我梦想有一天，

所有老板都不在为团队松散难于管理而发愁，

因为"员工拓展训练管理系统"将帮助他们打造虎狼团队，实现团队自动化运转。

我梦想有一天，

西点早已成为百年老企，

所有的同事都因为身在"西点"工作而自豪。

所有的客户因为我们的存在，

在发展中与我们共同分享业绩倍增、身心解放带给大家的喜悦！

我梦想有一天，

西点已成为行业典范！

用我们服务客户的心实现我们和客户共同的人生理想。

我有一个梦想，

一个为之终生奋斗的梦想，有了这个梦想，

我们就能共同分享胜利的果实！共同抵抗低谷的阴霾。

有了这个梦想，我们就能一同信赖、一同坚守、一同创造。

有了这个梦想，我们就能相互鼓励，相互扶持，相互成长。

有了这个梦想，我们就能彼此加油，彼此携手、彼此前行。

我有一个梦想，一个此生必将实现的梦想！

现在当我把"经营智慧"所用的一些团队管理的方法分享给学员时，他们都和我有同样的感慨："要是10年前我就知道了这些有效的团队管理方法，那么我可能10年前就成功了。"话虽如此，但又有几人知道我之所以有这些经验，是因为我失败了多少次才总结出来的，又有多少人知道我为此付出了多大的代价。他们只是付出了一点儿学费和3天时间，就少走了我十来年的弯路，相当于他们可以提前10年时间成功。如果10年前也有人教我这些方法，那么我的成就肯定比现在还要大很多倍。

06.学会经营,过富足的人生

●人生就是经营自我和修行自我的过程,必须明白我此生从哪里来?我要到哪里去?我要怎么去?

●一个人的沟通力就是领导力,一个人的演说力就是行销力

●经营好自己事业的本质就是帮助别人完成梦想,继而帮助自己实现梦想

●经营好自己的家庭,学会给孩子做好榜样,教育无它,爱与榜样

● 人生就是经营自我和修行自我的过程，必须明白我此生从哪里来？我要到哪里去？我要怎么去

其实前面的内容都是分享我的成长经历和我认为成功的先后步骤，本章节我想给大家分享一下成功后的人生应该如何去经营。人生的自我成长、事业、家庭、教子的智慧，也是融合我过去30年的人生经历，其实我认为人生就是经营的过程，所以要把人生彻底地弄明白，就必须要从学会经营自我开始。

其实人和人最大的差别，就是思维模式的不同，你给大脑装上什么程序，人生就决定如何运行。穷人和富人最大的差别就是思维模式的不同，穷人永远认为存钱可以心不慌，而富人永远认为钱是用来花的。

这里我给大家分享一个小故事：有位老太太，一生中就想拥有一套属于自己的房子，所以她每天非常勤劳地工作，她从20多岁的时候就开始不停地攒钱，通过三十几年，终于把买房子的钱全部攒够了，她就带着现金去售楼部，把全款交完。买到房子以后，把房子装修得特别干净，但是可悲的是老太太住进去，一个月还没到，由于以前工作太劳累，导致身体疾病复发，就这样去世了。有个女孩子，她年轻的时候，同样想拥有一套房子，所以她就拿出身上仅有的积蓄，去售楼中心，交了房子的首付，办理了按揭贷款，女孩子每天把自己的房子打扫得很干净，心情每天都很愉悦。由于心情每天很愉悦，所以她见到的每一个人都被他的微笑所感染，她很快就升了职，从普通的职员升职为经理、总经理、总监。这样她身边的所有客户都会把订单签给她。她的财富也越来越多。过了三年就快速地把欠银行的钱还完了。这就是两种不同的思维，一个人的思维会决定一个人的行为，一个人的行为会决定一个人的命运。

06. 学会经营，过富足的人生

为什么人各有命，因为是人各有志的结果，因为人的志向不同，导致的结果就不会相同。李嘉诚说过"永远不要听普通人的建议"，但是我们经常喜欢在做事情之前，去咨询一下身边朋友的意见，得到的结果通常是不行，因为行，他早就去做了，也不会轮到你去问他了。我记得我选择创业的时候，我的另一位老师，我在征求他意见的时候，他总是告诉我，先不要着急，等时机再成熟一些。后来在我们年会中他还提及此事，认为我很多时候的决定，在他看来是不可思议的。其实人生中谁也不知道下一步是对还是错，但是你不敢去尝试，永远都不会得到你想要的结果。

一个创业者，你永远看到的是可能而不是不可能，如果你看到的是可能，那你就会有积极的思维，积极的思维就会去找方法，而消极的思维就会给自己找借口和理由。人要不想做一件事情借口和理由随口可以说出 1000 个。

再比如对待时间上，穷人永远认为钱比时间更值钱，富人永远认为时间比金钱更值钱。其实在这里我想告诉所有的读者，挣钱无外乎两条通道，一个是帮助别人浪费时间，一个是帮助别人节省时间。当你真的领悟到这其中的真谛，这本书你就没有白读。你看为什么会有飞机头等舱，因为可以不用排队，下飞机的时候商务舱可以直接先走，因为越是成功的人，他们的时间就越值钱。你看那些歌星开演唱会也至少都是提前半年定好的，只有普通人想到哪做到哪。

其实时间对每个人都是公平的，在我的课堂上我会拿一把米尺给大家做个体验游戏。假如一米的米尺是人生的一百年，你知道吗？睡卧的时间就要有 40 年时间，学习和交谈要用 17 年时间，生命中花在路上和朋友聚会、玩耍的时间是 15 年，尽管工作是生活的必需，可人用于工作上的时间消耗总共才 17 年。人生剩下还有多少年？只有短短的 11 年，那 11 年多少天呢？只有 4015 天。那你想好怎样好好的拥有这 11 年的时间了吗？

如对待产品上，员工和老板的思维也不同，老板永远认为自己的产品可以造福人类，而员工永远认为卖商品是在挣客户钱。日本的经营之神松下幸之助说："一个企业必须创造剩余价值，不然就是在犯罪。"所以能成就大业的老板的思维就是先帮助顾客，造福顾客，最后才是创造利润，但如果你的信念中是为了挣钱，你在卖商品的时候一定缺少自信，我们经常说，四流的业务员卖价格，三流的业务员卖产品，二流的业务员卖服务、一流的业务员卖自己，所以在我的课堂中，我告诉无数的老板，一切都是为了爱。

而我也总结出销售中的16字精髓："为爱成交，无所畏惧，为钱成交，寸步难行。"你会发现，当你在卖商品时，如果不是为了爱，都是为了钱，你自然在客户面前就缺少理直气壮的感觉。当你对待商品和对待客户的思维上发生改变的时候，你发现你销售的商品会水到渠成。

所以学会改变自己的思维，你就已经慢慢地学会经营自己的人生了。曾经有个学员问我："老师你是教老板如何赚钱的，我想问你，你教教我如何能挣钱。"我问他是做什么工作的，他说他是富士康生产线上的工人，我说很棒，那马云比你厉害不？如果马云做你的工作，他的收入会高过你吗？他摇摇头说那不可能。其实我在这里想告诉大家，人生一辈子，在选择工作的时候，你就要思考，这份工作是不是能够达成你所要的高度。我不是说当工人不好，我只是想表达有些工作如果没法完成你的梦想，那你可以尽早去学会取舍。人生最大的悲哀就是爬了一辈子梯子，结果爬到头发现自己追寻的目标是错的。

06.学会经营，过富足的人生

● 一个人的沟通力就是领导力，一个人的演说力就是行销力

公众演说是达成人生愿景的重要手段之一，它可以帮助我们快速地倍增财富、人脉、资源等，我们必须学会运用公众演说这个有力的手段去达成我们的目标，实现我们的梦想。

我国古代有很多著名的辩论家，如孔子、墨子、韩非子等，他们中很多人都是凭借良好的口才传播自己主张的。古人云：一言之辩，重于九鼎之宝；三寸之舌，强于百万之师。古代很多著名的演说以及关联的重大历史事件，无不在说明公众演说的艺术与技巧对于我们生活的重要性。

我们立足于世，聪明、勤奋、才智、情商缺一不可。作为一名成功的培训师，情商最为重要，而情商最重要的体现，就是演讲与口才！

（1）演说可以快速倍增影响力

无论你从事什么行业，只要你学会了沟通的能力，那么就可以快速倍增你的影响力。

阿里巴巴当年刚拿到一笔来自高盛的500万美元投资，马云的一位投行老朋友，就安排他跟孙正义见面。孙正义说的第一句话，就是"说说你的阿里巴巴吧"。于是马云开始用他流利的英语，进行了6分钟的阐述。最后，马云说了三句话："阿里巴巴一定会成功；天下投资人有的是，而马云只有一个；我马云与阿里巴巴的生命同在。"

两个多月后，孙正义邀请马云前往日本，直接提出他要投资阿里巴巴。马云只用6分钟就赢得了孙正义2000万美元的投资，而这次投资是孙正义投资经历中让步最多的一次。

我再给大家分享一个故事，所有人都知道微信的老板马化腾。在一次采访中，记者让他和马云进行一下比较。马化腾说我如果真的跟马云比，我最佩服的就是马云的演讲能力，即使我今天微信拥有10亿的用户，但是我走在街上，没有一个人认识我，而马云就不同了，马云走在农村，连农民都认识马云，马云的演说能力要比我好。随后马化腾说，我真的应该好好学习演说的能力。

（2）沟通可以增强领导力

一个人的领导力，就是领导人心的能力，而沟通则是人生的大智慧。

史玉柱曾是商界的传奇人物，人生大起大落，当年为了建造珠海最高的巨人大厦，资金链断链。有记者采访他时，问道："史总您现在欠债两亿多，你应该怎么处理？"

史玉柱云淡风轻地对记者说："我欠下的钱，我一定会还的。"后来没过多久，他又开创了脑白金的保健品，为什么脑白金会成功？因为他快速抓住了客户的心理。"今年过节不收礼，收礼就收脑白金。"有一次，我和我的一个朋友春节之前去商场准备给他父母买点礼品，出发前他非常滑稽地跟我说，打死都不买那个脑白金，天天看那个广告烦都烦死了。结果到商场后，逛了一大圈，最后还是提了两盒脑白金出来，其实我想说的是一个好的产品需要不停地占有消费者的心智。

后来记者采访史玉柱的时候，问他为什么能够再次从负债到重新建立自己的商业帝国？他说："其实光靠我自己的能力是不行的，我想说的是，不管在我人生辉煌的时候，还是在人生低谷的时候，我身边的22杆枪一直没有离开过我"。这"22杆枪"其实就是史玉柱身边的核心团队。可见凝聚一个团队，沟通能力有多重要。

（3）沟通可以快速整合资源

当今的时代是资源整合的时代，当年马云之所以能创立阿里巴巴，也是资源整合的结果。其实马云在创立阿里巴巴之前，已经在北京创立了中国黄页，后来才决定回到杭州做电子商务。

1999年，在一个叫湖畔花园的小区，有18个人正在一间房子里开会，马云站在中间讲了整整两个小时。在会中，有一段经典语录，马云将自己的钱掏出来，说："启动资金必须是闲钱，不许向家人和朋友借，因为失败的可能性极大。"

接着又说："现在，你们每个人留一点吃饭的钱，将剩下的钱全部拿出来。"就是靠这18个人拼凑起来的闲钱，有了马云创办阿里巴巴的最初本金。这就是马云与"十八罗汉"的典故由来，这18个人也被称为阿里的"十八罗汉"。

外界一直有个误区，认为这18个人普遍文化程度不高，碰上了狗屎运，一鸣惊人。看学历，他们几乎都是大学生；看籍贯，来自全国各地；说运气，从中国黄页到阿里巴巴，很多人因为各种原因提前离职，坚持下来的都是信念异常坚定的人。

他们还有一个共同点，都非循规蹈矩之人，敢于尝试，敢于冒险和创新。最重要的是，敢于一次次归零，重新来过。用逍遥子的话说，阿里人基本都是跳出藩篱寻找自我的人。

这就是当年中国黄页的员工，也是阿里巴巴的"十八罗汉"。如果当年马云没有极强的沟通能力，阿里最初的"十八罗汉"也不会跟随马云回到杭州重新创业的。所以说沟通能力就是商场整合资源的强大武器。

（4）演说可以快速增进人际关系

一个人成就的大小取决于他能认识多少人和多少人认识他，也同样取决于有多少人愿意与他合作。一对一沟通永远没有比一对多的演讲可以快速增加自己的人际关系，如果你学会了演说的能力，那么你可以快速地从一个人名变成一个名人。

其实我自己真正感觉到上舞台对一个人知名度的重要性是在6岁那年，中央电视台正播放当年的春节联欢晚会。有一个片段就是在晚会一半的时候，著名的企业家，给全国人民拜年。当年的辽宁卫视也是这么做的，熊猫盼盼的董事长对着观众说："辽宁盼盼祝福全国人民春节快乐。"就在那一刻，有一颗种子在我幼小的内心种下了，我长大后，一定要在电视上像他们一样给全国人民拜年。虽然我这个梦想目前还没有实现，但这是我一直追逐的梦想。

如果你会演说的话，整个会场里面，你就是舞台上的主角，如果你不会演说，你只能当观众，你对着一个人讲话，再厉害，只能影响一个人；可当你对着1000人、10000人讲话时，我们就会影响1000人，10000人，这对你人际关系的积累将是质的飞跃。

（5）演说可以快速倍增业绩

演说就是宣传，就是营销，是推广个人品牌最经济也是最有效的方式。在这里我要跟大家分享的是商界铁娘子——董明珠的故事。有一次我去参加一个论坛，董明珠进行主讲，一个半小时的时间基本上全部是推销格力有多好，而且还霸气地在现场喊出："如果你家现在用的不是格力空调，马上回家换掉。"所以公司老板是公司最大的推销员，公司业绩的好坏，很大一部分来自公司推销员的推销能力。

2016年7月20日，董明珠为格力电器新入职的800多名"90后"大学生亲自授课，不仅让新员工领略到了"商界铁娘子"的魅力口才，更让他们深切地感受到了格力特有的企业文化，明白了在职场的大炼炉中该如何去锻造自己。

谈到制度管理，董明珠说："管理是企业的根基。管理只有一种，就是制度。刚性的制度是不能被逾越的，我就是要做到水至清而有鱼。比如，为了保证安全，格力厂区人行道和车道泾渭分明，车行道约8米宽，人行道约1.5米宽。下班时，数万人挤在人行道上，但是车行道空无一人。因为厂区的制度规定，车行车道，人行人道。如果员工在车行道上走路，就要被开除。"

"有一次，一名工龄10多年的老员工走上车行道，被勒令开除离职。当时班组长、副总等人都来求情，但是我依旧不改决定，我不是不讲情面，但对这位员工的严厉，并不仅是针对他个人。今天放他一马，明天就会有第二人效仿，公司管理怎么落实？所以，作为管理者，我们必须坚持原则。有人说，这不人性化。如果被车撞了，这是人性化吗？都说董姐走过的路寸草不生，我走过的路只是不长杂草，长庄稼而已。"

董明珠以案说法，以理服人。她举了一个看起来很小但是处罚却很重的案例，反映出格力制度的严谨，意在提醒大家要时刻增强自律意识和"警戒"观念，做遵规守纪的模范。她还勇于自我戏谑和自嘲"水至清而有鱼""走过的路不长草"，来表达自己对企业制度的坚持，令人敬而生畏。董明珠的一番话警示我们，无规矩不成方圆，什么时候都要遵守规矩。

　　谈到尽心尽责为客户服务，董明珠说："客户永远是对的，客户最讨厌听到四句话，谁说这四句话，我立马辞退他！第一句是：'这不归我管。'意思就是说你找错人了，你爱找谁找谁，反正不是我的事。这会让客户心里怎么想，不归你管，那你总要告诉我归谁管啊。一个如此没有集体观念的公司能提供什么好的服务？第二句话是：'我不知道。'这话更让人生气。一个优秀的公司应该是连前台都非常清楚每个工作岗位的负责人是谁，出现问题应该谁来处理。如果你不知道，麻烦找个知道的人过来处理。第三句话是：'他不在。'有时候客户打电话想找对应人，而对应人目前没在位置上，客服上来就是一句他不在。这不仅不能解决问题，而且还会火上浇油。客户真正想听的是什么呢？您有什么事我可以转达他或者我找到他之后叫他马上回复您。第四句话是：'这个没办法。'本来应该你处理的事情，你给客户的答案就是一句没办法，顿时将客户对你或公司的期望降到冰点。"

　　董明珠善于概括，阐释精当。她反向立意，总结出客户最讨厌听的"四句话"，并逐句解释缘由，叙议结合，让人深刻领悟到了履行岗位职责要勇于担当，遇事不推脱、不逃避，以责无旁贷的精神解决它。爱岗敬业，恪尽职守，才是职场人最好的担当。

　　谈到做个好员工先养成好习惯时，董明珠说："管理者不是管大事，我一直认为管理者是管小事，你把小事管好了，合起来有什么大事吗？我认为没大事。所以我每天都是管小事，甚至我们公司一百几十万平方米的一个场地，没有一个垃圾桶，这是我创造的。原来我们有垃圾桶，但是我在地上也会看见垃圾，我问员工为什么？他们就说，垃圾桶可能摆少了。

我说错了，是因为我们养成了不好的习惯——扔垃圾。后来我规定垃圾桶全部拿掉，扔垃圾的人就开除。之后再也没有人扔垃圾，习惯养成了。没有垃圾桶，垃圾放哪儿？你自己知道该怎么处理。所以，管理者的一个最重要的任务就是培养员工的好习惯，一个员工有了好习惯，才能成为优秀的员工，创造出良好的业绩。"

董明珠见解独到，微言大义。她对"管理者"有着独到新颖的见解，表达了她的"管小事"哲学，管"小事"才能成"大事"，并以自己管理好乱扔垃圾这样的小事例来现身说法，不仅让人顿悟到了从"小事"抓起的重要性，也是在督促大家从改善一个个小习惯做起，争做好员工，成就更好的自己。

这就是董明珠，她不仅以卓越的营销才能让格力电器誉满全球，让世界爱上了中国造，而且以非凡的口才为员工传经授道，深得员工爱戴和拥护。董明珠的领导口才，值得企业经营者、管理者和广大员工学习和借鉴。

口才能力强，是可以创造数以亿计财富的。

一年一度的苹果发布会，除了万众期待的 iPhone x 之外，还有个令人特别关注的点，就是发布会上的演讲。

乔布斯首创了演讲舞台语言风格、肢体风格、走动风格、PPT 播放风格等，也正是这一点，让他创造的苹果手机卖出了好几亿台。乔布斯并没有把演讲的成功当作想当然的事，事实上，只有长时间地排练才换来演讲过程中表面上的轻松、不拘小节和亲和力。乔布斯通常提前几个星期就开始为演讲做准备，检查要展示的产品和技术。

一个原苹果公司的员工曾经回忆说，这些演讲看上去只是一个身穿黑色上衣和蓝色牛仔裤的人在谈论新的技术产品，真实情况是每场演讲都包含了一整套复杂、精细的商品宣传、产品展示。为了这 5 分钟的舞台演示，他的团队曾经花了数百个小时做准备。演讲前，乔布斯用整整两天的时间反复彩排，咨询在场产品经理的意见。在幻灯片制作方面，他亲自撰写并设计了大部分内容。

乔布斯不仅是一个提问的高手，也是个说服的高手，他经常用一些提问来让对方发现自己内心最想要做的和最需要做的事情。1983年，乔布斯希望挖走百事可乐的总裁约翰·斯卡利（John Sculley）。但斯卡利思考了很久，还是不想放弃自己现在的事业，表示双方还是做朋友吧。这时，乔布斯说出了至今仍然被视为"最好的销售广告词"的话："你究竟是想一辈子卖糖水，还是希望获得改变世界的机会？"斯卡利瞬间被乔布斯这句话打动，离开了百事可乐，成为苹果的首席执行官。他和乔布斯一起创造了最棒的产品（第一部Mac）和最棒的广告（1984）。可见乔布斯的演说力量无时无刻不在发挥着作用，并以此改变了很多人的命运。

（6）演说是实现梦想的最快途径

其实演说，不仅是自己实现梦想的最快途径，还可以帮助别人实现梦想。有部电视剧《芈月传》，其中有一段非常经典的片段，我把这段经典的台词分享给各位读者。

在风卷云吞的战国时期，秦王嬴驷去世后，秦国动荡不堪，芈月携幼子嬴稷颠沛流离，历经万险千难回归于秦，幼儿嬴稷登基，太后芈月掌权，在政权不稳、军心不齐、内忧外患不断之际，她以此惊天动地之演讲，收服军臣之心，化敌为友，不费一兵一卒，立威朝野上下："你们当初起兵，必定不是为了造反，你们浴血沙场，卧冰尝雪，千里奔波，赴汤蹈火，为的不仅仅是效忠君王，保家卫国，更想让自己活得更好，让自己在沙场上拼来的功劳，能够荫及家人，为了让自己能够建功立业，人前显贵，是也不是？今日站在这里，你们都是大秦的佼佼者，是大秦的荣光，是大秦的倚仗，是也不是？我大秦曾经被人称为虎狼之师，令列国闻风丧胆，可就在前不久，五国陈兵函谷关外，我们却束手无策，任人勒索宰割，这是为什么？我们的虎狼之师呢？我们的王军将士呢？都去哪儿啦？大秦的将士，曾经是大秦的荣光，可如今却是大秦的耻辱！当敌人兵临城下的时候，你们不曾迎敌为国而战，却在王位相争中自相残杀，这就是你们的作为！曾经商君之法约定，只有军功才可授爵，无军功者不得授爵，有功者显荣，无功者虽富无所荣华。可有些人就是不愿意遵商法，要恢复旧制，所以派人来杀我，你们也不情愿、也不想实行新法，是吗？为何你们站在了靠祖上余荫吃饭的旧族那边，自愿成为他们的鹰犬，助纣为虐，使得他们随心所欲、胡作非为，使得商君之法不得推行，使得兄弟相残、私斗成风？你们的忠诚，不献给能够为你们提供公平、军功、荣耀的君王，却给了那些对你们作威作福、只能赏给你们残渣剩饭的旧族们！将士们，我承诺你们，从今以后，你们所付出的一切血汗都能够得到回报，任何人触犯秦法都将受到惩处，秦国的一切将是属于你们和你们儿女的，今日我们在秦国推行这样的律例，他日天下就都有可能去推行这样的律例，你们有多少努力就有多少回报，你们可以成为公士、为上造、为不更、为左庶长、为右庶长、为少上造、为大上造、为关内候、甚至为彻候，食邑万户，你们敢不敢去争取，能不能做到？"

每次看到这个片段的时候，都会令我热血燃烧，你会感觉到，假如一个人拥有了演说的能力，那不管你走到哪里，都可以快速实现自己的梦想，如果你是一个创业者，就应该快速练习提升自己的口才能力！

●经营好自己事业的本质就是帮助别人完成梦想，继而帮助自己实现梦想

我之所以很快就能把"西点"和"启智"做起来，我认为最根本的原因就是舍得分利给大家，我喜欢让团队成员通过这个平台加上个人的努力完成他们的梦想。如果一个人对物质回报没有兴趣，甚至没有欲望，这个人永远不会成为一个好的管理者。在这里我简单给大家分享一下我们的分利模式，你会发现，作为创业者，只有成就众人，众人才能成就你。

在我们公司，我们的提成是全行业最高的，我认为每个打工者都不容易，都是为了挣钱养家，能让大家多挣一些就让大家多挣一些。我在这里跟大家分享如何激发团队成员的欲望。如果你作为老板，你天天对他们说你们要努力挣钱他们是没有感觉的，在我们公司我们有一个理念就是深度体验。

比如说带领我们女员工去逛街，去各种奢侈品店做深度体验。有时你说得再多，别人都不会有感觉，如果你亲自让她体验一下背上奢侈品的包包，那么她的感觉就来了。我记得第一次带着我们几个女员工去逛街的时候，去成都最繁华的IFS，我发现我的女员工进去的时候，心跳都在加速，明显感觉他们很紧张，进到LV专卖店的时候，我让他们去体验一下，她们都假惺惺地跟我说："不好看，不适合。"

其实全天下的女人都喜欢包包。我就强行把包包跨在她们的肩膀上，让她们在镜子面前看一下，这时我就拿出手机，赶快把她们背包的样子拍下来，我跟他们说，既然你们不喜欢，那我们就走吧。就是这个简单的体验，瞬间会激发女人的那种虚荣心和占有欲。回到工作岗位上你会发现她们的工作状态跟之前完全不一样了，因为啥，她内心有欲望，她渴望拥有。其实作为团队老板，你接下来可

以什么都不做，她们就知道自己该做什么了。人只有为自己工作的时候，才会状态十足。

我继续给大家分享一下如何对男孩子进行体验激励的。那年十月一日，成都新会展中心要办国际车展节，我安排了一辆大巴车，把我们公司的男孩子全部拉到新会展中心去了。

我告诉他们今天上班的任务就是去体验试驾。并且每个人必须和三个车模合一张影回来，不然就算你今天旷工。到了会展中心，我告诉公司的所有男孩子，必须选择20万元以上的车试驾，不允许体验20万元以下的轿车。

其实我想告诉大家的是，一个人如果要想变得自信起来，他身上必须有一件能让他拥有自信的物品。我们这帮同事，一个个在会展中心非常兴奋，每个人不停地和车模合影，我一个人默默地笑了。

结果没到半年时间，我们公司的豪车就越来越多了。为什么，因为他自己感受过，看完豪车回来每天他们自己加班可以加到凌晨1点钟，只要当天没完成设定的目标，他们就不回家。正是拥有这样的实干精神，他们的物质生活才会紧跟着发生巨大的改变。

作为创业者，不但要帮助员工挣到更多钱，还要学会帮助他们花出更多钱。很多人对我这句话不理解，我在这里想说的是，一个老板没有让员工挣到钱，那是无能，如果不会帮助员工花钱，那么这个老板也是无能的，因为假如团队高管每个人手里有100万元存款，他就立马会失去战斗力。

所以作为创业者你要时刻关注员工谁的手里有存款，必须帮助他把钱花光。不然他就是三天打鱼，两天晒网，工作没有状态。一旦你帮助他把钱花光，他就会瞬间进入工作状态。在这里我给大家分享一下我们团队成员任鹏的故事，那一年十月份，他跟我讲，他老妈给了他10万元存款，他说想让他老婆创业。因为有了一点点存款，他工作状态不是很好，天天迟到，加班的时候，不是肚子疼，就是身体哪里不舒服。有一天我把他带到奥迪4S店里，试驾了一款奥迪，我说："这款车子很适合你现在的身份，我怎么看这款车都属于你。"

他说:"好倒是好,但是缺点钱,我说缺点钱没关系,直接贷款就可以了。我帮你交定金。"我果断跑到财务室把1万元定金给交了,过了一个月把车子提回来了。他的状态瞬间回来了,在公司加班加点带头干。

下面我给各位读者分享一下,加快提升公司业绩的策略。

要想让公司业绩暴涨就必须了解营销学著名的3P理论,就是产品、客户、团队。之前的章节我已经给大家简单地分享了激发团队状态的小策略,其实面对企业经营我有108个策略,我会陆续分享给大家。

不管是公司的产品,还是客户,或者团队,这就像三角形的三条边,三条边必须同时搭建,不然在经营事业的过程中,你把哪条边搭好了,另外两条边不同时搭建的话,也不会提升我们的业绩。我们都学过勾股定理:勾3、股4、弦5。如果产品是3分的话,那客户就是4分,团队则必须是5分。否则哪一条边快速贸然地加大,都会在企业经营中引起灾难。

作为创业者我们要思考的是:我们产品、客户、团队分别是几分呢?如果产品品种不够,那就要增加品种,因为要想业绩倍增,就必须用更多的产品来满足客户的需求,就像今天的奔驰轿车一样,他会以不同价格的车型来满足不同客户的需求。产品设计要分为不同类型的款式,以吸引消费者购买,如鱼饵产品、明星产品、利润产品、防御产品、战略产品、馈赠产品。

鱼饵产品:就是为了吸引客户来到门店,让客户能够和你产生连接的一款产品。设计原则要求价格很便宜,满足客户贪便宜的心理。

明星产品:这款产品设计的原理是公司具有核心竞争力的产品。

利润产品:这款产品的设计就是非常贵,仅仅满足个别少数人使用的,你会发现一个奇怪的现象,就是有一部分人买东西的时候,不会为了使用而买这款产品,而是为了满足自己的心理需求而买这款产品。利润产品就可以设计这样的原理,就像我的"销讲智慧""弟子班"都是这样的产品,汽车中的劳斯莱斯的定位,都是满足这部分需求的。

防御产品:防御产品是为了防止竞争对手的超越,而随时有新的产品不断出现，就像手机一样，过一段时间就会推出一个新款，其实只不过对局部功能进行了一个小小的调整而已。

战略产品：这款产品主要是为了跟上未来时代发展而设计出来的，以防止不可抗力的原因对企业带来的冲击。比如概念车。

馈赠产品：这款产品的设计原理就是免费赠送给客户的，你买高价格产品我赠送给你一个馈赠产品。其实目的就是为了和消费者拉近距离，能够消费后产生更好的连接。4S汽车店就会常用这样的策略，这会增加其与消费者的黏性。

如何去增加我们的客户数量呢？我相信这个话题是所有的创业者都非常感兴趣的。其实如果我们要想拥有更多的客户，首先就要提升我们的演说能力，因为一对一式的沟通，永远没有一对多的批发式沟通效果好。下面就来讲解一下典型的鱼塘理论。

什么叫鱼塘理论？鱼塘理论就是把客户比喻为一条条游动的鱼，而把客户聚集的地方比喻为鱼塘。鱼塘理论认为，企业应该根据企业的营销目标，分析市场里面不同客户的喜好和特性，采取灵活的营销策略，最终实现整个"捕鱼过程"的最大成功。

比如在搜索引擎营销方面，我们可以把百度比喻为一个很大的鱼塘，把企业的网站理解为一条钓鱼的船，把网站上有价值的信息理解为一个个鱼饵，把潜在客户看作是各种喜好的鱼。那么，在这个鱼塘中，我们如何钓到最多的鱼呢？

首先，我们必须明确"钓鱼"的目标，明确企业网络营销的主要市场定位：针对什么样的客户群？本次"钓鱼"行动主要想钓什么样的"鱼"？

其次，在确定市场定位后，针对这个市场投放大量的高质量的有诱惑力的鱼饵。这些"鱼饵"就是网站内容，这一条条针对性很强的高质量信息。被发表在网站上，进而被搜索引擎收录，投放到"鱼塘"里面。当我们的"鱼儿"，也就是潜在客户搜索到这个"鱼饵"的时候，就会迅速"上钩"，访问企业网站！

在有明确市场定位的情况下，投放的"鱼饵"质量越高，数量越多，形式越是多样，越有利于企业在搜索引擎的"汪洋大海"中，钓到各式各样的"鱼"，并最终取得企业搜索引擎营销的最大成功。

我们还要思考，我们的客户会在哪里大面积出现呢？如果能够想出他大面积出现的地方，那我们就非常成功了，并已经知道应该怎么去做了。如果要在别的"鱼塘"捞出更多的"鱼"，可以和对方的"鱼塘塘主"合作，双方达成共赢！也可以和对方"鱼塘塘主"进行交换，双方的"鱼塘"相互开放，这也是很好的策略。但如果实在没有办法，就只有实行"偷鱼"了。但是我不建议大家使用这种手段，我在创业的当年就用过一次，这样会让友谊的小船说翻就翻的！因为篇幅原因，我没有办法把课堂上108个企业的经营策略全部分享给大家，只能在这里给大家启发一下思维。

●经营好自己的家庭，学会给孩子做好榜样，教育无它，爱与榜样

只有经营好自己的家庭，才能让自己的事业越来越好，亲爱的读者朋友，不管你现在是否组建了自己的家庭，但是你早晚都会拥有自己的家庭。在这章中，我要着重教给大家教育孩子、创建和谐家庭的要诀！

什么叫作家庭？什么叫作夫妻？家到底是什么？我的理解是家庭就是疗伤、治愈的地方，其实夫妻两个人的婚姻，就相当于两个家族各找了一个法人代表，组建了一个公司，利润是幸福，产品是孩子，至于公司为什么倒闭，是因为不懂得经营。我为什么要从事青少年训练这个版块的课程？因为孩子是家庭的希望，更是一个国家的未来。有句话说得好："千万不要希望你的孩子懂事了，当他有一天真的懂事了，其实你已经老了。"教子此生只有一次机会。

普通家长关注孩子的分数。

智慧的家长关注孩子的人格健全。

灵性的家长关注孩子天性是否绽放。

我在此跟大家分享关于教子的五大智慧。

（1）培养孩子梦想的能力

伟大的梦想，必成就伟大之人。孩子越小，梦想越大。但是为什么孩子随着年龄的增长，梦想越来越小了呢？小的时候你要问孩子你将来梦想是当什么，孩子很爽快地回答，我将来要当科学家，再长大一点，你再问孩子将来做什么，孩子说将来长大我要当警察，到10多岁的时候，你要问孩子将来做什么，孩子说将来当个医生，14岁左右的时候，你问孩子将来要做什么，孩子说我将来找个好职业就够了，到孩子20岁的时候，你问孩子将来要做什么，孩子笑着说，我

还没想那么远。

当然这只是一个笑话，但是这个笑话却说明现在的孩子年龄越大，梦想越小。这个问题值得我们已经是家长的读者朋友好好地去反思。其实我跟无数孩子互动过这个问题，我说孩子，你的梦想为什么这么快灭掉了，孩子的回答惊人地相似，都是被父母亲手灭掉的。当孩子的志向与家长对未来的设计相左时，家长要多鼓励孩子的梦想，无论在你看来这梦想是何等奇特。在这里我给大家分享几个非常经典的案例。

比尔·盖茨，前世界首富，拥有好多个"世界之最"。例如：他是有史以来最年轻的世界第一富翁；他是人类历史上第一个靠电脑软件积累亿万财富的先行者；他是首先开发利用高科技和高智商，创造巨大财富的典范……那么盖茨是怎样的一个人呢？他的事迹在许多厚厚的书中都做过详细的介绍，这里单讲几个他小时候的故事吧！

比尔·盖茨的父亲是名律师，小的时候，对他影响比较大的是他的母亲。有一次母亲带着比尔·盖茨去开董事会，开完会以后，妈妈在和比尔盖茨闲聊中，问他今天跟妈妈开会有什么感受？比尔·盖茨说："我长大后一定要做汤姆·华森那样的男人。"这个男人是谁呢？

这个男人是当年号称蓝色巨人IBM的董事长，比尔·盖茨说："我看他的样子太帅了，坐在会议室中间，可以对每个人指手画脚，我长大后也一定像他一样。"妈妈说："你想要做汤姆华森那样的男人，那你现在要做什么呢？"比尔·盖茨说："我现在要看书。"妈妈说："那好啊，虽然妈妈不能把所有的书籍给你买回来，但是妈妈可以每天陪你去看书。"就这样妈妈每天陪着比尔·盖茨看书，9岁的时候，比尔·盖茨就已经把图书馆里的百科全书全部看完了。

中学毕业后，比尔·盖茨很想到哈佛大学去读书，这也正是父母最大的心愿。幸好，比尔·盖茨的父母并没有像其他父母那样把孩子看作自己的私产，必须让孩子来完成父母喜欢的事。经过冷静思考后，父母放弃了让儿子当律师的想法，让比尔·盖茨在大学领域里自由发展。这一点帮了比尔·盖茨的大忙。

但一年后，更大的难题摆在了比尔·盖茨的父母面前：比尔·盖茨要离开哈佛，放弃学业，与别人一起创办计算机公司！比尔·盖茨与父母多次交谈，平静地表达了他的想法。了解儿子秉性和志向的父母又能说什么呢！或许儿子的天赋与计算机事业是最佳的切合点吧！比尔·盖茨便毅然离开了令亿万学子向往的哈佛大学，开始在软件领域大展宏图。1975年，比尔·盖茨正式创办微软公司，二十多年后，成为世界顶尖首富，个人资产近200亿美元。通过这个故事我们能够深刻地感受到，孩子小的时候心中装个人或者目标是非常重要的。很多家长找我咨询："大维老师，我的孩子为什么不爱学习？"我都会跟家长说："你小的时候，喜欢学习吗？"很多家长都摇摇头，我说："既然你小的时候都不爱学习，为什么非要强迫你的孩子去学习。其实孩子为什么不爱学习，就是因为他现在不知道学习对他有什么好处。当他内心明白学习可以让他得到最大的好处，就愿意学习了。"

我再跟大家分享一个故事，中国航天员第一人杨利伟。他小的时候，有一天他的妈妈跟他聊天，问他："孩子，你长大想做什么？"这个时候电视剧中正在播放美国第一个航天员阿姆斯特朗成功登陆月球的新闻，杨利伟充满信心地对母亲说："妈妈我长大以后，也要像阿姆斯特朗一样，代表祖国进行航天事业。"这个时候，他的妈妈面带微笑，对着儿子说了一句话："儿子，妈妈支持你这个梦想，但是你千万要记住，不管你飞到哪里，你一定记住要回到地球上，因为妈妈永远在地球上等你。"就这样简短的一个画面走进了杨利伟的脑海里，他学习非常刻苦，最后终于如愿作为中国第一人登上太空。

其实我在这里跟天下所有的父母分享的是，你最大的任务就是引领孩子到达此生想要去的地方，这个就是你最大的责任，这个也是父母最大的使命。我身边有很多家长都对孩子的梦想不够尊重，孩子只要跟父母说些长大后的梦想，家长就说："别说那些用不着的，赶紧去把家庭作业做完再说。"其实人与人之间，尤其是父母与孩子之间，需要互相鼓励，而作为父母更多的是激发孩子的梦想，给孩子心中装下一个人或一个目标，当孩子心中真的装了一个人或一个目标，那他就找到了的动力源泉。

在我的训练营中，我有个弟子叫刘维千。他家里有四个孩子，母亲生了三胞胎，都是男孩，这个刘伟千是老三。通常情况下，兄弟姊妹多的家庭中，将来能够有大成就的都是老大，因为在心理学中，有个专业的术语叫责任者与受害者，老大就相当于是责任者，而最小的就相当于是受害者。

在今天这个时代，是拥有责任者心态的人能够成就事业，还是不愿意承担责任的人呢？受害者心态就是什么事情都跟他没有关系，一切都是别人的问题。如果你拥有这样的心态就很难在这个社会立足，而我这个弟子正好是三兄弟中最小的，在上培训班之前，完全可以说让他父母操碎了心，在学校里面打架斗殴，基本上一个星期就要找家长一次。这个孩子来到我的课堂上，第一天就趴在那里不停地睡觉，因为家庭比较富裕，父母很早就给配上手机了，所以晚上天天玩手机游戏到2~3点才睡觉。

第三天的时候，在我的课程中有个破产游戏的环节，就是根据积分进行小组排名，哪个分数越低，哪个小组当天宣布解散，正好他是他们那个组的组长，在宣布解散的那一刻，要由助教替孩子做50个俯卧撑。当我们的女助教老师趴在地上一直做50个俯卧撑时，我发现这个孩子不停地哭泣，他说他知道错了，他知道了什么叫承担，什么叫责任。后来上完课程之后，他的妈妈给他报了弟子班，我把他的排名靠在前面，我说："你是我的大弟子，你要给我所有的弟子做好榜样。"结果这个孩子发生了翻天覆地的改变。

你的孩子心中装的是谁呢？你知道吗？如果没有，那么快速给你的孩子心中装个人，让这个人引领孩子前进。

（2）培养孩子强大的心智

强大的心智就是一个孩子受打击抗压的能力，一个孩子可以什么都不会，但是必须要有强大的心智，温室的花朵无法经历未来人生残酷的挫折，父母让孩子在他少年时成功地绕过所有的痛苦，那么他长大后，必将痛苦地绕过所有的成功。

今天这个社会很多家长已经把孩子培养成高分低能的代表了，我在2012年去中国香港学习的时候，顺道跟着参访团去参观了一所自然学校，那个学校给了我很深的感受，学校没有专业的塑胶跑道，而坐落在一座山脚下。我到了那个学校，发现每个孩子脸上表现出来的笑容那么纯真，我看到了孩子脸上应该有的笑容，在我跟学校的老师交流中，我发现一个奇怪的现象，就是这所学校所有的孩子不称呼教师为老师，有的老师叫南瓜，有的老师叫白梨，有的老师叫西瓜。

我看到的不是学生见到老师时的拘谨。老师介绍说，他们学校不允许带任何小食品进学校，每个孩子都是自己做饭，其他孩子轮流去帮着干活，每周还要去野外露营，在野外的湖里练习跳水比赛。通过这种自然教育，每个孩子的心胸都很宽阔，遇到任何问题的时候，首先想到的就是如何去解决问题。

因为是周日，有位爷爷过来接他的孙子回家，无意中我跟他闲聊了几句，我问他这种学习风格和上课的形式，不会担心孩子将来考不上大学吗？他听我这样问，微笑着说："我们要培养孩子将来更具有创造性思维，我不希望我的孩子，只会为了考试而考试，培养孩子拥有强大的心智、完善的人格、健全的心灵，远比考进名校更重要。这样孩子才会在未来的竞争中有立足之地！"

我跟他简短的对话，让我产生了深深的思考。我们到底要把孩子培养成什么样的人？因为现在每个家庭基本上都是 4：2：1 的家庭结构，双方四个老人，夫妻两人，每个家庭只有 1 个孩子，所以孩子得到的关爱和宠爱过多，就会养成衣来伸手，饭来张口的习惯。

孩子在他本应该接受各种锻炼的阶段选择逃避，这会导致孩子缺少强大的抗压能力。

美国一位教育家说："最好的家庭教育，应该是和善而坚定的。"

第一，我是爱你的，我会陪伴你。第二，我是有原则的，你必须遵守。

这才是对孩子最好的教育态度。

作为父亲，要理性而和善。你有力量，但不要轻易使用暴力，让孩子在心里尊重你、佩服你。

作为母亲，不能只是感性地爱孩子，还要立场坚定，孩子有什么难处，你可以帮他，但不能没有原则。父母在教育上的每一次妥协和放纵，都会给孩子日后造成不可弥补的遗憾。

（3）培养孩子的领导力

领导力在领导系统中是一个根本性、战略性的范畴，是领导者凭借其个人素质的综合作用在一定条件下对特定个人或组织所产生的人格凝聚力，是保持组织成长和可持续发展的重要驱动力。根据领导力的定义，我们会看到它存在于我们周围，在管理层、课堂、球场、跨国公司、小公司直到一个小家庭，我们可以在各个层次，各个领域看到领导力，它是我们做好每一件事的核心。一个头衔或职务不能自动创造出领导力。

所以孩子未来是否会拥有领导力我在这里用三点跟大家分享。

第一，胸怀。父母的胸怀决定孩子的胸怀。大胸怀的父母，必定培养出一个大胸怀的孩子；小胸怀的父母，培养出的孩子，胸怀和格局肯定也是很小的。父母对孩子的影响身教大于言教，孩子小的时候模仿能力是超强的，有些小女孩在家里的时候，特别喜欢把妈妈的高跟鞋穿上，这都是孩子的模仿能力。

凡是父亲在家里吸烟的，孩子长大后吸烟的可能性极大；父亲喜欢打牌的，孩子长大后也会不学自通。有句老话叫作"龙生龙，凤生凤，老鼠的孩子天生就会打洞"，所以父母的胸怀与格局直接影响孩子未来的胸怀与格局。

我的培训班中有个弟子，叫刘思涵，今年8岁，有一天放学回到家中就对着妈妈哭鼻子，妈妈就问孩子："怎么了？在学校受委屈了吗？"刘思涵就把事情的原委跟妈妈说了一下，原来是同桌的小男孩把他今天新买的橡皮给抢去了。妈妈听完，不但没有责怪孩子，反而面带和气地说："没事，走，妈妈再去给你买去。"到了文具店，又问孩子："你们班有多少同学？"思涵说班级里面45个同学。这个妈妈直接买了47块橡皮，孩子非常惊讶，说为什么要这么多。妈妈告诉她："明天上学的时候，班级同学每个人发一块橡皮，今天抢你橡皮的你再送给他一块。"到第二天上学的时候，思涵按照妈妈的要求做了。结果，这个事情过后的一个月，班主任要选一个班长，老师让同学们投票决定。思涵获得全票通过，当上了班长，后来思涵跟我讲这个故事的时候，他说欺负他的那个小男孩，现在跟他关系非常好，如果谁敢欺负他，那个小男孩都要帮助他出头。

在安徽有个景点叫六尺巷，相传在清朝时，在安徽桐城有一个著名的家族，父子两代为相，权势显赫，这就是张英、张廷玉父子。清康熙年间，张英在朝廷当文华殿大学士、礼部尚书。老家桐城的老宅与吴家为邻，两家府邸之间有个空地，供双方来往交通使用。后来邻居吴家建房，要占用这个通道，张家不同意，双方将官司打到县衙门。县官考虑纠纷双方都是官位显赫、名门望族，不敢轻易了断。在这期间，张家人写了一封信，给在北京当大官的张英，要求张英出面干涉此事。张英收到信件后，认为应该谦让邻里，给家里回信中写了四句话：

　　　　千里来书只为墙，

　　　　让他三尺又何妨？

　　　　万里长城今犹在，

　　　　不见当年秦始皇。

家人阅罢，明白其中意思，主动让出三尺空地。吴家见状，深受感动，也主动让出三尺房基地，这样就形成了一个6尺的巷子。两家礼让之举和张家不仗势压人的做法传为美谈。

在生活中，我们常说吃亏是福。同理让孩子学会吃亏，对孩子来说也是一定要做的功课，要常给孩子传授吃亏是福的道理。舍得舍得，多舍多得，少舍少得，不舍不得。但是我们很多父母，就是给予孩子太多的爱了，担心孩子受到一点点的委屈，这样怎么能培养成一个大胸怀的孩子呢？所以我建议家长，每年都要定期带孩子去做几次爱心活动。教育就是言传身教的过程，而言传身教就体现在父母的一言一行上。

第二，体验大于触动。别人说了什么你不会记住，但是如果你自己亲身体验了某件事，你一定会记住一辈子。就像我们可能不记得小学语文一年级学过的东西。但是如果你会骑自行车，尽管十年没骑过自行车了，今天给你一辆自行车，你立马就可以骑走。所以说送给孩子最好的礼物就是他自己能够亲身体验。我跟很多家长朋友分享过，如果无法让孩子感觉到幸福，就把孩子送到比现在生活更苦十倍的地方，这样回到家庭中，孩子立马就会感觉到幸福的滋味了。

在我的训练营中，就设计了一个破产的环节，因为在我的训练营中是按照积分管理孩子的。每个孩子每天都有自己的分数，个人的分数就是团队的分数，第三天晚上，我们要进行一个破产的仪式，就是哪个队伍积分是训练营所有小组的倒数第一名，那么这个小组就会被解散。他们自己制作的团队文化全部取消，自己画的队旗要让他们自己剪掉。到了这个环节，每次都让我很感动，因为这个环节，是我看到孩子改变最大的一个环节。因为孩子年龄太小，没法承担失败的责任，我会安排由陪伴他们生活在一起的助教老师帮助他们承担，每一次当他们的女助教老师趴在地上，为他们的失败而承担50个到100个俯卧撑的时候，每个孩子都哭成泪人一样，就在老师为他们承担责任那一刻，他们已经深深地体验到了失败的痛苦和代价。

其实一个人经历什么？他的世界就是什么！一个孩子体验什么？他的人生就是什么！每个人的人生都是自己行走的轨迹。为什么有些孩子缺少自信，因为他没有体验过什么叫自信；为什么有些孩子性格内敛，因为他没有感受过被别人崇拜的感觉！所以一个孩子未来的人生是否成功，以下五个方面的体验必不可少：

    读万卷书

    行万里路

    阅人无数

    名人之路

    贵人相助

只有经历丰富多彩的世界，他才会有波澜壮阔的人生。

第三，领导气质。任何一个团体中，总有某一个人充当着核心的角色，他的言行能够被团体认可，并指引着团体的某些决策和行动。我们可以把这种人所具备的人格魅力称为"领导气质"。具有这种领导气质的并不一定是高层的管理者，在任何一个团体中，小到几个人组成的办公室，大到一个集团，总会有一个人具有说服他人、引导他人的能力。在某种程度上，"领导气质"也可以被认为是人格魅力的一部分。

一个人的领导气质是怎么呈现出来的呢？两分看打扮，两分看神态，两分看谈吐，还有四分就要靠日积月累的沉淀。举个例子吧！著名演员陈道明，他是公认的演艺圈中最具领导气质的演员。别人长篇大论的台词，或者顶着一张还算不错的脸蛋经常在镜头前晃动，却都不及陈道明在镜头前一闪而过的表情变化。看他演戏，你会不由自主地倒退，将他的表情看过一遍又一遍，然后去琢磨，去猜测他（这个角色）的心理变化。为什么？陈道明演皇帝极具王者气质，那仿佛与生俱来的清高与傲骨却不是演出来的。他不管是踏入演艺圈之前，还是之后，都像一颗明亮的星辰，那么闪亮，那么出色。他有渊博的文学底蕴，他读过许多古书，他天天练字，写得一手漂亮的毛笔字，他琴棋书画样样精通，笛子、萨克斯样样都会，篮球是他的最爱。事实上，他有自傲的资本。冯小刚更是评论："陈道明清高的只肯在戏中低头。"所以他成功，不无理由。

把孩子的领导气质在年少的时候就应该历练出来，这比你给他留下足够多的金钱更重要！那如何训练我们孩子的领导气质呢？

让孩子与更优秀的人为伍。这是我给大家最好的建议，我见过那些成功路上遇到瓶颈的人，都不能正确地认识自己的缺点，但是当你承认了你的缺点，你就正视了你的缺点，你就开始慢慢地培养了自己的领导气质了！

（4）培养孩子演说的能力

好的口才是我们一生都受益的财富。一个孩子6~18岁是语言天赋开发最好的时间段，我的另外一本书《口才与魅力》，就是主要写的青少年演说口才类的书籍。其实美国人就很注重从小培养孩子演讲演示的能力，并以此增强孩子的自信心，锻炼其思维、心态、学识与表达等多方面的能力。那么在美国小学的课堂中是如何做的呢？

在美国小学课堂上，每次演讲之前，老师都会带着孩子做好充足的准备，一方面，通过小组讨论选出演讲话题，并确定主题。另一方面，还要分析演讲对象是什么样的人，什么才是观众最感兴趣和有意义的内容，这个过程锻炼了孩子的创造性思考、换位思考、资源利用、统筹规划等能力。

演讲能力是每个人特别需要的能力，大家对训练演讲能力的速成方法很感兴趣、却又信心不足，其实这并不难，我在这里简单教大家几个容易掌握的方法。演讲之前，首先要克服恐惧。要明白造成演讲恐惧心理的4个事实：①并非只有你害怕当众演讲，通常80%以上的人都有临场恐惧症。②适度的临场恐惧感是有用的，当你发现自己的脉搏加速、呼吸急促时，别着急，这都是你身体对外界刺激的警觉反应，也随时预备好要采取行动。假如这些生理上的反应都在合理范围内，反而可以帮助你想得更快，讲得更流利，一般说来，都比在正常情况下要显得更有效率。③许多职业演说家均承认，他们也一样有临场恐惧感。④害怕在观众之前演讲，最主要的原因就是还不习惯在观众之前演讲。只要进行足够的锻炼，恐惧感就会逐渐减低。 只有充分准备的演讲者，才会有充分的信心。林肯说过："我相信，假如我无话可说的时候，我永远也不可能讲得理直气壮。" 完全的准备并不意味着一字不落地把整篇讲稿记下来，一般来说，写下一些关键字或者大纲就够了。通篇背诵讲稿的演讲者，不但浪费时间和精力，也会招来不良的后果。平常，我们讲话十分自然，想的是观念而不是字句，一旦观念清楚，字句很自然地就脱口而出，就像呼吸空气一样。有效的准备方法是事先把想法脉络理清。从过往的经验中，找出对生命最有意义的事情，然后把这些事情的想法、看法和信念组织起来，便是最好的演讲内容了。演讲的真正准备工作，是指对题意的整个思考过程。具体来说，就是先好好思考题目，使其渐趋成熟。

然后，把这些想法记录在纸上，再稍加完善和修改，这样会比较容易组织安排，使松散的观念变得有条理、有秩序。这样做并不是特别困难，需要的是专注和清晰的目标。当你把观念理清之后，有个简单有效的演练方法，就是用准备要演讲的那些内容，利用平常和朋友同事聊天的机会，拿来当作谈话的材料。注意看对方的反应，看他们对这件事有什么看法，也许他们的想法对你有用，你可能会发现哪些地方解释得还不够详尽，哪些观点或许会引起争议，或何种形式最适合你所要表达的主题。快速达到演说效果有三个原则。第一，找出特别可以谈论的话题。避免谈大而空的道理，要把自己的生活体验、真实感受说出来。好几年前，我们就"最能吸引听众的题目"做了一次调查，结果发现"有关个人经历中的特定范围"最能引起听众的注意。自己的经验中，尤其可以提到的是童年时期和教养经过、早年奋斗的经验、嗜好和娱乐、某些特别的知识、不寻常的经验与信念等。第二，对讲题感兴趣。并非所有的主题都适合你。这里有个方法，可以帮助你决定某个主题是否适合发表演讲：假如有人站起来反对你的观点，你是否能信心十足且十分热切地维护自己的立场？假如能够，便表示这个主题适合你。第三，热切地想和听众分享演讲内容。历史上，许多有名的演说家都具有如下特质：具有推销与传播能力，也就是说，演讲人都极渴望听众能感受到自己所感觉到的，或是同意自己所提出的观点，然后照着他所想的去做，使他的经验再生。演讲人必须以听众为中心，而不是以自己为中心。当然过多的细节会让听众不耐烦，会严重影响演讲效果。演讲时，合理利用对白可以使演讲变得戏剧化。假如你能够模仿当事人的声调或语气，效果会更好。此外，由于对白所使用的均是日常用语，就会使演讲显得更为亲切自然。影像化也可以提高演讲的效果，利用影像做示范能让演讲更为生动，比如说到高尔夫时，你可以做些打高尔夫的动作。与听众合而为一，演讲不是自己讲话给自己听，而是要向听众传达信息。你的态度决定了听众的态度，放下身段，用真诚、谦虚的态度来影响听众。

演讲内容必须针对不同听众的需要，对听众要给予诚挚的赞赏，在开始讲话之后，尽量想办法讲些能与听众建立起关系的话，另一个打开交流之道的方法，是叫出听众当中某些人的名字。

其实演讲是讲出来的，口才是训练出来的，如果你想提升自己孩子的演说能力，可以让他参加一些相关的训练营，几天的时间，就可以让孩子在舞台上讲话，而且可以侃侃而谈。

（5）培养孩子感恩孝道的能力

感恩孝道是我们国家的传统美德，但是今天很多孩子把我们老祖宗留下的传统感恩孝道的文化已经丢失了。孝心教育是一个永恒的话题，孝心教育对孩子一生的健康发展起着很大的作用。父母在给予孩子爱的同时，也应该让孩子懂得感恩回报。《新三字经》中说过"能温席，小黄香。爱父母，意深长"。汉代的黄香因为父母温席而被千古传诵，现在的孩子更应继承这种优良传统。在家庭生活中，家长可从以下几方面做起。

一是言传身教，做好榜样示范作用。父母是孩子的首任老师，也是最好的镜子。父母对长辈的态度会直接影响孩子的行为，因此要言传身教，通过点滴小事让孩子耳濡目染。首先家长要尊敬长辈，其次在工作之余常带着孩子看望老人，做些力所能及的家务活，吃顿团圆饭。这样既让老人享受天伦之乐，又为孩子做出了榜样。

二是从小让孩子体会到家长的不易。家长应让孩子在生活中承担一定责任，不要事事索取。在现实生活中，很多父母宁愿自己受苦受累也要满足孩子的不合理要求，这样反而助长了孩子的虚荣心。家长应让孩子感受到，虽然挣钱不易但依然每天努力工作，作为孩子应该体会到父母之爱，同时要与父母一起分担。

三是角色互换，每天表达对父母的爱。孝心要从小事做起，如做些力所能及的家务事，父母过生日时为父母做一个拿手菜，自己过生日时对父母说一句温暖的话。这种角色互换，持之以恒就能形成习惯。把孝心教育融入到日常生活中，让孩子逐步养成好习惯。

有一个真实的故事就发生在我们身边。中央电视台"2012年感动中国人物评选颁奖盛典"播出了陈斌强孝义真爱的事迹，令人感动，深受教育。陈斌强是八婺大地涌现出来的又一道德典范，几年如一日，背着母亲去教书，用他的善良和坚持，谱写了一曲感人至深的大孝尊亲之歌。

陈斌强是浙江省磐安县冷水镇中心学校的语文教师。每到周日，36岁的陈斌强会从五楼背着母亲下100多级台阶，从磐安县城到当地冷水镇的30多公里道路上，他骑着一辆旧电动车，身后是他患有老年痴呆症的母亲。母子俩紧紧挨着，一根又粗又长的布带将他们紧紧系在一起，带着妈妈去上班，周而复始的日子，已经过了5年。

为了照顾母亲，除了上课、睡觉，他和母亲几乎形影不离。学校特批的一间10平方米的房间，就是老人的小家，陈斌强常去陪伴她。陈斌强还在墙上贴着一张母亲的作息时间表，一天要帮母亲上7次厕所。3次标注的同一句话是："别忘了，照顾妈妈。"

妻子见他太辛苦，曾劝说陈斌强将母亲送到养老院，他说："我舍不得。我曾是妈妈的宝贝，现在妈妈是我的宝贝。"如今，母亲的智商仅相当于一岁孩子，一日三餐，他一口一口耐心地喂到母亲嘴里，碰到难咀嚼的食物，自己先嚼烂后，再送到母亲嘴里。每到周五，他会载着母亲回到县城的出租房里，和妻子、儿子团聚。

即便如此，陈斌强在工作上丝毫没有懈怠，他教的两个班的语文成绩，连续多年都是当地联考第一名。"孝顺""尽职"，坚守中的陈斌强老师让人们看到了乡村教师的人性之美和高尚品性。

还有一个真实的故事，8岁起侍奉养母12年，90后少女背瘫母上大学的故事。

"没有妈妈就没有今天的我，我所做的一切都是做女儿的本分。我想尽快毕业，早点参加工作，挣钱照顾妈妈！"

孟佩杰，从小生活在农村，体弱多病。5岁那年，父亲被车祸夺去了生命。迫于生活压力，寡母不得不将年仅5岁的她送给刘芳英领养。但是，天有不测风云。1998年，由于工作过度劳累，刘芳英患上了椎管狭窄症。虽然经过治疗保住了性命，但只能依靠双拐勉强走路。一年后，养父无法忍受艰难的生活，悄悄离家出走，从此杳无音信。这一年，孟佩杰只有8岁。

2007年，孟佩杰初中毕业，刘芳英的病情却开始恶化，最终瘫痪并完全丧失了自理能力。刘芳英原本打算让女儿上高中、考大学。然而，还未成年的孟佩杰却自己拿定了主意，主动选择了可以走读就近照顾养母的临汾学院隰县基础部学习。

两年来，风里来雨里去，孟佩杰不停地奔跑在学校和家庭之间，认真努力地学习，精心侍奉着养母。2009年，按照学校的安排，在隰县基础部上完两年后，孟佩杰还必须到临汾学院（总校）再接受3年教育。对未来充满无限憧憬的孟佩杰是多么想看看外面的美好世界呀！可是，如果到临汾上学，躺在床上的母亲怎么办？孟佩杰陷入了沉思：自己从小失去了生身父亲，来到养父母家还没过上几天好日子，一连串的苦难接踵而至：养父离家出走杳无音信、养母身患重病无钱医治。几年来靠着养母的微薄工资、亲邻接济、四处借贷，母女才得以相互扶持、相依为命、艰难生活、师范求学……辍学吧，于心不甘，美好的理想将化为泡影，这个家也将深陷泥潭难以自拔；到临汾上学吧，于心难忍，瘫痪在床的母亲谁来照顾？养育了自己十年的恩情怎么报答？怎么办？怎么办？谁能给她一个两全其美的办法？做人孝为先，经过几天的考虑，孟佩杰做出了令常人难以想象的决定：带着母亲去上学！

从8岁到20岁，4000多个日子里，孟佩杰日复一日照料养母刘芳英，任劳任怨，不离不弃。2009年，孟佩杰被距离家乡百公里外的山西师范大学临汾学院录取，不放心养母的她决定"带着母亲上大学"，在学校附近租了房子，继续悉心照料着养母。这个"久病床前有孝女"的故事在网络上传播感动了众多网民。在临汾当地论坛上，网民们纷纷为她祝福，称她为"临汾最美的女孩"。

这样感人的故事还有很多，让我们的孩子学会感恩孝道非常重要。其实每个孩子来到这个世界都是一个宝贝，主要是看家长如何引领和教育孩子。

附　录

经营你的人生，下一个传奇就是你

草根逆袭之一：杨慧蓉自述——一个"高中毕业生"的逆袭

我叫杨慧蓉，出生在湖北省宜昌市的一个小山村。家中有3个姐妹，我排行老二，家里人都叫我杨老二。10岁以前，我从没穿过新衣服，姐姐比我大两岁，她穿不了的衣服就给我穿，我穿不了的再给我妹妹穿，或者穿别人给的衣服。第一次穿新衣服是10岁，一位爱心叔叔从北京给我寄来了一套新衣服和玩具，我高兴坏了，到现在都记得他的名字：万仁众叔叔。

小时候，我最不喜欢刚刚开学的那几天，因为爸爸总是不能按时缴学费，老师不给我发课本，上课我只能偏头看旁边同学的，这种感觉永生难忘，11岁那年我们举家搬迁到四川。

记忆中多数时候爸爸都不在家，他在外面干一些零活，但根本不够家里开销。妈妈不仅要照顾我们，还要去挣一家人的吃穿用的钱，她是一个农村妇女，没有什么学历，只能每天拎着一个破蛇皮袋，去垃圾堆里面捡别人扔的不要的废品，每天捡满一袋子就去收废品处换回几角钱，其实一提起这些，我觉得非常亏欠我的妈妈，因为记忆中，妈妈怕我们姐妹三个觉得她捡垃圾丢脸，每次她都会在我们上学的时候，一个人偷偷捡那些废品去换钱。

有一次，我和几个同学在放学的路上，看到妈妈在垃圾堆里面正在用钩子钩里面的瓶子，同学对我说，那个是我妈，我还不信，我跑上前去，仔细一看，真的是我妈。我感觉妈妈的那个样子，让我在同学面前实在没有面子，我把妈妈的蛇皮袋拎起来甩出去很远，哭着跑回了家。

长大后我才明白，我当时是多么的无知，多么的幼稚，我也非常后悔我当时那样不理解妈妈。我知道没有哪个女人愿意放下自己的面子去捡废品，但是为了我们姐妹三人的学费她必须去。

在我 15 岁那年，我读初三，我失去了我生命中最重要的依靠——妈妈。我这一辈子都忘不了那天的情形，那天，我像往常一样高兴地放学回到家，刚进到家门口，无形中就有一个不好的预感产生，总感觉有股气压在胸口喘不上来。

当我快速冲到屋里的时候，首先映入眼帘的是妈妈躺在屋里的案板上，上面盖着白布，一动不动，我看到屋内的人都在哭泣，我快速掀开盖在尸体上面的布帘，我看到妈妈那蜡黄的脸，眼睛已经闭上了，我不相信妈妈就这样狠心抛下我，我无助地摇动着妈妈的头，大声地喊着："妈，你醒一醒啊，你怎么狠心扔下我啊！"

那一天我的整个世界都变得漆黑，看不到任何光明，我的世界就剩下黑暗了。那年我姐17岁，我15岁，我妹妹10岁。后来知道妈妈是因为突发心脏病去世的，安顿完妈妈的后事，爸爸靠打零工，供我读到高中毕业。高中读完，由于家里太贫困了，我也就选择不再继续读书了，因为要挣钱贴补家用。

那些年，我经历了几次搬家，每一次都是爸爸没钱给房租，房东叫我们搬走，给我印象最深的就是爸爸的口才很好，他可以赊账几个月的房租不给，最后房东实在不信任他了，才叫我们搬走。可能是这段颠沛流离的日子，让我对家的渴望高于常人，在高中毕业以后，我遇到一个能让我安定的男生，在我并没有认识到彼此到底合不合适过一辈子时，就选择了和他结婚。

人生其实没有对错，现在再去看回头的路，我发现所有的事，其实都没有对错、好坏之分，都是人生最好的经历。在当时看似毫无关联的点，在未来都会连成线，成为你的人生，也成就你的人生。

我20岁结婚，21岁生孩子。期间，由于父亲积劳成疾，在我27岁那年去世了。那个时候在我的认知里面，认为工作、挣钱和养孩子，踏踏实实一辈子，就是我人生的终点，我以为我的人生就这样安稳地过一辈子。

2017年5月，当时我还是一名南充珠宝城的珠宝销售，我在这家珠宝店工作了4年，直到我找到现在的工作。公司领导组织我们所有的销售人员去培训，我怀着懵懂与期望参加了为期两天的培训，这两天的培训，都在一种非常紧张的状态下进行的，其实有很多的细节我已经记不大清楚了。我只知道经过两天培训以后，我的思维发生了翻天覆地的改变。

以前我认为工作就是为了挣钱，业绩不用太差，也不用太好，生活稳步前进就可以了。下了班以后，我大部分的时间就是刷剧，或者逛街，好像人生这样过就好了，培训完以后，我就像在前30年的睡梦中，突然被郝老师叫醒了，我的思维发生了翻天覆地的变化，我的内动力被激发了，我做事充满了热情和动力。我就像在海上漫无目的漂泊的孤舟，突然看见了前方的灯塔，郝老师就像灯塔一样，照亮了我前行的道路。培训后，我的业绩比上个月翻了3倍，整个公司的业绩，同比增长3倍以上，原来不只是我，所有的同事都被郝老师点燃了。

从此有颗种子，在我的心底深深地种上了，开始生根发芽，我深深地爱上了演讲，我内心渴望自己能够站上舞台，也能和郝老师一样，用自己的热情，帮助到更多和我一样对生活感到迷茫的人。

我的家和家人都在南充，郝老师在成都，如果我去追求梦想，我就要远离家乡，在家和梦想之间我整整纠结了半年，2018年2月，当我看到郝老师发了一则招聘广告，我鼓起勇气，义无反顾给郝老师发了求职消息，那一天的点点滴滴到现在都历历在目，我不会使用电脑，不会培训，连自行车都不会骑，我是极度不自信的，我害怕应聘不上，郝老师给了我机会，我在2018年3月11日那天踏上了来成都的火车，第一次来成都，第一次坐地铁，什么都是新鲜的，满怀憧憬。

所有的一切并没有想象得那么简单，我什么都不懂，电脑打字都不会，在成都除了郝老师，我一个人都不认识，而且自己只有高中毕业，理解能力也不强，还极度不自信，但是我一直鼓励自己，一定要坚持下去。

经过两年的努力，我现在已成为公司的销售总监；从当时的月薪只有1500元到现在年薪可以达到30万元；从当初连自行车都不会骑到现在买了属于自己的奥迪车。这一切都源于遇到了引导我的郝老师。未来我的目标是成为像郝老师一样的培训师，用自己的知识去帮助更多的人。

正因为热爱，我会用一生去实践这个行业；正因为热爱，遇到任何困难我都不会放弃；正因为热爱，我会用一辈子的时间去实现这个目标，帮助到更多需要帮助的人。正因为我自己是培训的最大受益者，所以我要身体力行，去全力践行这个目标。

草根逆袭之二：车均自述——农村少年的逆袭

我的名字叫车均，1998年出生于广元的贫困山区，是一个从小在农村长大的孩子。自小接受的也是农村的教育理念，见过我的人，都会给我贴上朴实无华的标签。记得刚上高中那会儿是我第一次在我们的县城生活、学习，对于一个刚刚从农村走出来的少年来说一切都是那么地有吸引力，那个时候，开始和身边的同学学坏了，整天逃课去上网打游戏。高中三年我也是浑浑噩噩地度过人生中重要的三年，就这样高中三年的生活宣告结束，由于没有好好学习，所以只能找个专科去读，在大学快毕业的时候，我开始意识到就业的问题，那个时候，我对生活充满了迷茫，不知道前方的路该怎么走，也不知道未来的自己该怎么去实现自己的人生理想。

大学毕业后第一份工作是在一家夏令营机构做普通的教练，经历过了人生第一份工作的挫折，曾经的我被客户拒绝过也被客户骂过，同样也被别人践踏过尊严，那个时候的我更加迷茫，对自己完全失去了信心。记得有一次一个客户做了我们的活动没有给尾款，我不知道怎么办，只能采用最笨的方法去堵在他们公司门口，一直到晚上11点多了也没有等到她，结果后来才知道她从后门走了，那个时候我不知道该怎么办了，最后只有继续给她打电话，通过一番沟通又被她硬生生地把原先定好的合同价格下调了2000元，实在没有办法只有无奈妥协了，回到家的时候已经是凌晨3点钟了，感觉人生有时真的是很苦涩。第二天到公司的时候，我跟老板解释这件事情，老板完全不理解我当时的处境，加之我当时也年少轻狂，直接跟老板提出了辞职。

一次的机缘巧合，我来到了"西点"学院，认识了现在的兄弟姐妹，记得初到公司的那一天，我很彷徨，怕得不到公司的认可，怕在这个平台无法实现自己的人生梦想，刚开始的时候为了出业绩整天去开发新客户、陌生拜访，被客户拒绝像家常便饭一样，无数次想放弃的时候，看到身边的同事鼓励我的眼神，我选择了继续努力。

经过不断地跟着郝老师学习，我的销售技巧慢慢成熟起来，我的客户也越来越多，每服务完一个客户，都会给我大量地介绍新客户，我再也不是当初的那个销售"小白"了。来到"西点"十个月的时间我就通过自己的努力，终于买到了人生当中期盼已久的车子——本田雅阁，从此我慢慢地找回自己的自信心，我也慢慢成长起来了，我一直以公司成就客户为人生信条，用心服务每一个客户，我相信世界只有来不及认识的人，没有陌生的朋友！

现在的我是一个每天都充满正能量的人，回想过去的种种经历，那是我人生中不可或缺的经历，如果没有那段经历我将不会有现在的成就。怀揣一颗感恩的心去感谢过去帮助我成长的人，未来的我也会更加努力地和郝老师一道帮助更多的企业家，帮助每一个家庭过上幸福快乐的美好生活！帮助那些愿意成长的人获得更多的能量与智慧。我未来人生梦想就是希望帮助更多的青少年！让他们因为我的存在，放下手机游戏，好好读书，过上积极快乐的生活。

草根逆袭之三：蒋汶峰自述——"从武术少年到销售冠军"的逆袭

我叫蒋汶峰，来自四川广安，今年25岁，在2013—2015年连续三届四川省武术冠军，在人生得意的时候，我的教练把我单独留在训练场对我说："汶峰你真的对武术很有天赋，你也很努力，我能遇到你这样的学生真的很开心，但是作为你的姐姐，作为教练给你说个私事吧！换专业吧，武术别练了，你高中是田径专业，大学是武术专业，你已经过了运动员的黄金期，你的水平也就停留在四川的水平，再往全国冲冲不上去了，你不错过黄金期一定是一个世界冠军。我建议你选专业企业培训，一个运动员无论怎么走最后都会转行，你现在早点转行早点适应。"听完这句话犹如一道闪电霹在头上，辛苦这么多年得重新开始。那一刻我真的不知道怎么办，心想既然改行那就改吧。

记得一次偶然的机会，一位同学把我介绍到郝老师课堂，在课堂中我听到郝老师讲到一句话："人什么都可以丢不可以丢精神，人什么都可以放弃但是不能放弃心中的理想，所有的事情只要用心都可以做到。"我被这句话深深地触动，同时深深地被郝老师的人格魅力所吸引，暗下决心，我毕业后要一起和郝老师闯天下，我一定通过一年的时间，进到郝老师所在的公司。

一年后不负众望，我顺利被录用了，来上班的第一天早上骑着朋友的电动车，撞上了一位骑着自行车的老太太，当我把老太太扶起来时老太太脸上、手上全是血，手臂骨折，牙齿撞掉3颗，被送进了重症监护室，当时我吓坏了。医药费需要5万元，对于我一个刚毕业的大学生来说简直是天文数字，家里条件又不好，找父母要钱也不现实，最后找郝老师借3万元，教练借2万元付清了医药费。

事故发生以后还要赔偿各种费用，如误工费、营养费、美容费、护理费、医药费等。背负着好几万元的债务，晚上觉都睡不着，也正是由于这种压力，自信一落千丈，工作也特别浮躁。由于需要还债，而且才开始出来上班工资也不高，为了节约一点点房租每天在西二环上班，晚上回龙泉住租金150元/月的平民房，平民房最多的就是蟑螂、老鼠、蚊子，每天都可以看到老鼠在房间里散步，晚上睡觉时老鼠在床头剥花生，每天上下班车程来回4小时，早上5点起床，晚上11点以后才到家，手机坏了分期买了一部，为了节约生活费早上吃一个5毛的馒头，午餐不超过10元，晚上回到家以后电饭煲煮白米饭加3瓣大蒜。

即使生活这么苦，我仍然一直告诉自己，只要努力，结果一定会创造奇迹。过去3年中跟随郝老师疯狂地学习，疯狂地工作，床头总是贴着郝老师常说的一句话："没有不可能，只是暂时没找到方法。"别人行我也行。经过3年的努力，我从月薪最开始只有 1200 元到现在的年薪 40 万元人民币。

就这样两年的时间，我在成都买了人生的第一套房。

2016 年底成功地搬进自己的新房。

2017 年底在青白江买了人生的第二套房子。

2018 年底买了人生第一辆车。

这几年里我吸收着郝老师的能量，学着郝老师的核心课程，郝老师就犹如我人生的灯塔为我指引着前行的道路。

一切都源于人生当中能够遇到郝老师，源于有这么好的培训理论体系，正因为这些课程对人有帮助，我会用一生去践行。

草根逆袭之四：张金自述——"从自卑内向到阳光洒脱"的逆袭

我叫张金，出生于 1998 年，老家位于四川西北部的一个最远乡村——大新乡。小时候的我是一个非常自卑的孩子，因为自我记事以来，我就被别人讨厌，很少有人喜欢和我玩，因为我的肤色和别的孩子不一样，同一个地方，别人的肤色是白嫩白嫩的，而我却是黢黑的。我不知道为什么我的肤色会和别人不一样，在那个时候我非常讨厌我自己为什么不能和其他小朋友一样拥有正常的肤色。

记得对我打击最深的一次，是我上小学四年级的时候，我们班级中发生了盗窃的行为，有一位同学的零花钱被盗了。刚好那天是我值日，大家都用异样的眼光看我，所以她就认为一定是我偷了她的零花钱，并且她毫不犹豫地把这件事报告给了老师。老师也不分青红皂白地认定是我偷了她的零花钱。就因为我是一个独特的人，以至于所有人都用异样的眼光看我，从那以后我便真正地成为了全校师生眼中的"独特人"，我心里充满怨恨，我怨恨自己，怨恨我的家人，怨恨那些看不起我的人！我终于等到了放学回家的时候，我快速跑回家里，把自己锁在了一个小黑屋里，我放声大哭，我问为什么命运如此不公平？为什么我不能像其他孩子那样有很多玩伴，我为什么要独自一人忍受！

我终于再一次鼓起勇气，去询问我的父母，为什么我和其他孩子的肤色不一样？当我把这句话说出口后，父母脸色突然就变了。我心里暗想，我的父母为什么有这么大的反应？在我的追问下，父母眼里含着泪水告诉了我事情的真相。我爸爸说道："孩子，你本来也是一个皮肤白嫩的孩子，小时候非常可爱！但是在你刚学会走路的时候，你独自一人玩耍时掉进了池塘的最底部，你的妈妈没有听到你的声音便发疯般地找你，最后发现池塘的门打开了，才认为你掉进池塘里，便通知了全村的叔叔阿姨来打捞你，最终经过大家的齐心协力终于把你打捞起来。但就在这个时候有一个叔叔说你已经快没有呼吸了，心跳缓慢！你的母亲见到这一幕顷刻间就晕倒在地上。因为家里离医院很远，就没有及时送医救治。大家就想了一个土办法：烧了一大堆火在地上，然后把你倒立着，围绕着大火转圈！从此以后你的皮肤就变成了焦黑色！"

从那以后，我终于知道了自己为什么会与其他人与众不同！谁都不能一帆风顺，都要经历人生中的酸甜苦辣。我很感谢父母当时没有放弃我。尽管我知道我的皮肤为什么会黢黑，但是我的同学和老师对我的打击太大了。我从小就缺少那种同龄人的自信，从那时开始我喜欢独处，独来独往。就这样我带着不自信走进了小学、初中，读高中时终于不再有人关注我的肤色这个问题了，但是别人关注的却是我不愿意提起的学习，由于在小学天天被老师挖苦，所以我无心学习，浑浑噩噩地度过了初中三年，由于中考成绩很差，我考进了我们当地一个最差的高中并且进了这所高中最差的班级。在高中时因为我的文化成绩不行，所以我参加了学校组织的体育生（走体育道路）训练。我开始训练时发现大家的肤色和我差不多，我心里还暗自庆喜能找到"同病相怜"的人。结果过了一段时间我发觉并不是我所看到的那样，他们是因为训练的时候被太阳晒黑的，这种黑会慢慢恢复的。

记得有一次我的高中班主任认为我是体育生（老师眼中的体育生就是——头脑简单，四肢发达），觉得我体育一定很好，就让我当体育委员，这是我读书以来第一次当班级干部，当听到这个消息时我欣喜若狂！我暗地里想一定要把这份责任担起来，可好景不长，由于我缺少自信，最终在全班的投票下我被免除了体育委员一职。就这样浑浑噩噩度过了快乐却无趣的高中三年！

由于高考失利，我走进了一所职业院校，在大学里我所学的很多东西都是与人沟通，因为我是从一个小乡村走进大城市的农村孩子。在大学里我遇见了我的一个好大哥，他是学校的辅导员，更是我人生路前行的灯塔，他一直帮助我成长，他让我知道了人际沟通的重要性。经过几年相处，我发现他身上有强烈的自信，让我很佩服！我何尝不想拥有呢，临近毕业时，他把我推荐到了一家户外公司做培训。

大学毕业第一份工作是他人推荐我进入了"西点"学院。还记得我刚入公司第一天，领导让我做自我介绍，当时的我内心忐忑、手脚不安、吞吞吐吐地面对公司前辈做着自我介绍。看着别人都能出口成章地说半天，而我只能说几句话，这再次打击了我。随后我便跟着郝老师不断学习，有一次看到他在舞台上侃侃而谈时，我眼里充满羡慕，内心无限激动，我在想他能做到的事，我为什么不能做到呢？从那时候开始我发誓我一定要走上百人甚至千人舞台演讲，我要用我的声音感染到更多的人！

进入"西点"两年的时间，现在的我是一个充满自信并且敢于面对众人演讲的一个讲师了，在以前我想都不敢想，但现在我做到了！马德曾说："人一辈子要解决的事情，不是该要什么，而是不该要什么。"在这里我真正地知道自己想要什么了。知道通过什么途径去得到自己想要的东西，进入"西点"以后，通过5个月时间我买了自己人生中的第一辆车子！通过10个月时间从一个销售"小白"一直做到公司销售主管。我相信终有一天我一定会成为公司合伙人！因为在这里我找到了自己想要的东西，俗话说得好："谋事在人，成事在天，七分靠打拼，三分天注定。"在这里我找到前所未有的感觉，在这里我可以绽放自己，在这里我可以学习到更多有助于我成长的东西，在这里我能实现自我价值！

在未来我要用我所学的东西去帮助更多的人！因为我知道有更多的孩子需要我去帮助，我要让更多的孩子获得幸福，因为我有一个梦想，我一定要写一本关于青少年教育的书籍！我一定要走上千人舞台演讲！我有一个毕生必须实现的梦想，就是有一所属于我捐赠的希望小学！

我相信每个人都有属于自己的人生，不用过于焦灼，专心地走好自己眼前的路，尽力而为，其余的就交给时间吧。你要相信，上苍从不辜负认真的人，凡事尽力了，无愧于自己，你想要的自然就会来到你的面前。

草根逆袭之五：刘连东——"一个退伍军人"的逆袭

我叫刘连东，今年25岁，来自国家历史文化古城乐山。我是一个成熟稳重而又幽默风趣的人。我为我现在所从事的可以帮助到更多人的工作而骄傲！

回想成长的道路，坎坎坷坷，风雨沧桑。用我亲身经历验证了一句话："一个人的成长，从弱小到强大，没有什么捷径可走。如果梦想有捷径的话，那么这条路的名字一定叫坚持。"

我还记得小时候的家庭状况，虽不能用家徒四壁、朝不保夕来形容，但也无限接近了！家庭的贫穷，使我的童年暗淡无光。别人的童年可以用快乐、幸福来形容，而我的童年却充满了孤独和自卑。都说穷人家的孩子早当家，幼年的时候，父母为了供我读书，让我吃饱穿暖，远走千里之外的浙江打零工，而将我托付给嗜赌如命的爷爷奶奶，成了一名留守儿童。因为家庭的不和，爷爷奶奶的嗜赌，所以没有了父母的陪伴，我便过上了食不果腹，靠吃"百家饭"长大的"野孩子"。感受不到任何身边人爱的存在，自然也成为同学们所排斥和欺负的对象。当我被同学们嘲弄着，像猴子一样戏耍，将我高高平抬，扔进垃圾池的那一刻起，我便发誓，我刘连东一定要做一个受人尊重的人，成为一个让他们后悔不及的人。

当我怀揣着梦想走进高中的时候，命运却又如此戏谑般地让我交到一帮损友，从此沉迷游戏，无法自拔！高中毕业是我人生的第一次迷茫，不知道该做何选择。最终在爸妈的鼓励下，我毅然选择弃笔从戎！

8年的军旅生涯，成为我人生的大学！我从一名地方青年逐步成长为合格战士、副班长、班长、代理排长、军械员兼文书、团军务股文印员、师宣传科新闻报道员，并有幸成为师史馆改造建设的一员。在这8年的军旅生涯中，不仅磨炼了我的毅力，更坚定了我的信念，还锻造了我的品格！入伍的时候，我便在心中定下目标，我要转一期士官，第5年退伍。然而因为政策的原因，加之自己足够优秀！第8年的时候，我终于如愿地光荣退伍。

回到地方，毫无社会经验的我，被现实狠狠地抽了一耳光。我又开始迷茫了，不知何去何从。但心中有梦，终能走出困境。2017年4月一次机缘巧合之下，经老同学的推荐，我荣幸地成为西点学院乐山分公司的一员。由于表现突出，很快被派到总公司培训，从此开始了我与教育培训的不解之缘。

初入社会的我，对于社会的期望总是那么的美好，怀着对大城市的渴望，我只身来到了四川省府新一线城市成都。初到总公司，我便被郝老师的个人魅力所吸引，从那一刻起，我便坚信"西点"将是我实现人生目标的重要舞台。来到成都后的两个月，销售经验的匮乏和人脉资源的稀缺，这块短板暴露无遗，前两月以挂零的结果告终，这一结果给雄心壮志的我当头棒喝，一度陷入低谷，甚至对自己产生了怀疑。我真的不适合销售吗？我所做的一切都是徒劳吗？这种结局将是我人生的常态吗？正在我决定选择放弃的时候，郝老师发现我的异常，将我带到他的办公室，一个小时的谈话，彻底地改变了我的人生。"宝剑锋从磨砺出，梅花香自苦寒来。"经过近3个月的沉淀积累，终于迎来了我入职以来的第一次爆发，就在实习期还有一周就要到期，决定我走留的关键时刻，签单了！一天签了4个单子，接着又一连签了10个单子，我成为新人里的销售冠军，荣幸获得公司颁发的第一个最佳新人奖，这一份荣誉沉甸甸的，让我心里乐开了花。付出和回报不一定对等，但付出就一定会有回报，或许你一时之间还得不到，但只要坚守本心，这是迟早的事。

入职第一年，我便通过自己的努力，买了人生中的第一辆车，花费40万元装修了人生中的第一套房子。2018年虽然因为个人原因暂时性离开了一段时间，但我也说过我还会回来。2019年4月，我履行承诺，再次回到西点，仅仅用了一个月的时间便升任销售一部主管，团队业绩稳步提升。

现在的我销售能力突飞猛进，销售技巧运用更是炉火纯青，面对客户的质疑我能满怀信心，服务客户的态度更是诚诚恳恳，我成功地完成了从一名江湖小白到职场老手的转变，在团队管理方面也稍有建树。而今的我不仅还完了车贷、房贷，同时也收获到了爱情。这一切都是如此的完美，因为努力，所以幸运。

俗话说："女怕嫁错郎，男怕入错行。"我为我当时的选择而感到庆幸，也为能在"西点"的培养下，在"西点"富有正能量的团队中接受洗礼而感到骄傲自豪。正是加入"西点"，认识郝老师，才坚定了我人生的方向，明确了我人生的目标。

未来的我在学习力爆棚的团队陪伴下，一定会通过自己的努力，不断学习，不断磨炼，坚持不懈，终将让自己成为一个对别人有更大帮助，对国家有贡献的顶级销售和顶级讲师。未来的我将会走向更大的舞台，待到事业有成时，我会毫不吝啬地将我的人生轨迹和成长历程著作成书，去让更多的人借鉴学习，去鼓励更多退伍军人，退伍不褪色，不忘初心，牢记使命。多年后的我也将会携着我的妻子、儿女和父母周游世界，我将成为他们最强有力的依靠。

草根逆袭之六：刘宗元自述——"一位特警"的逆袭

2015年的夏天，一阵急促的警铃声突然在某公安局特警大队的快速反应中队响起，18名快速反应队员快速地在两分钟内穿戴好武器装备在集合点集合完毕。随着队长的一声令下，所有队员迅猛地登上了出警车辆。警笛声音响彻在大街小巷，路人纷纷惊奇地看着路上行驶的警车，仿佛在议论着什么。

而我就是18名快速反应队员中的一员，对的，当时的我是一名特警队员。每天的日常工作就是训练；街面巡逻和处置突发事件。在常人眼中也许觉得这份工作充满了刺激惊险是很多人所向往的工作。2015年5月的某一天某富商的家人被不法分子绑架，绑匪向其家属勒索现金2000万元人民币。公安局接到报警电话后高度重视，第一时间成立了专案组，在通过技术手段侦查到犯罪嫌疑人的位置以后，我和我的队友快速地对犯罪嫌疑人的住所进行了包围。但是技侦手段只是确定了一个大概范围，我们包围的区域却是一大片厂房。这给我们的营救工作带来了一定困难。后来我们对地形进行了研究，决定分组对整片厂区进行搜索营救人质。我和其他两名队员分到了一个小组，在搜索到一间门面房的时候我们发现了异响。这让我们三人的神经紧绷了起来，我们三人成战术队形用战术手语进行沟通着。五四三二一，我们快速地突击进入了门面房。来不及多想，进入房间，人质和三名嫌疑人就映入我们的眼帘。此时三名嫌疑人各手持一把一米长的砍刀，而人质还被绑在一旁瑟瑟发抖。说时迟那时快，我们迅速地将三名嫌疑人制伏。在制伏犯罪嫌疑人的过程中我的一名队友身中三刀，幸亏及时送往医院得到了及时的治疗才保住了生命。和平时期总有那么一群在背后为我们默默付出的人，也许这个人你不认识他，可是他却清楚地认识你。为了人民群众的生命和财产安全他们不惜抛头颅洒热血，他们是党和人民的忠诚卫士。这个画面不是出现在电影当中，而是我的亲身经历。这样的画面还有很多很多，这样的画面出现在缉毒一线；这样的画面出现在抓捕逃犯的第一现场。我很自豪我曾经是他们中的一员。

2015年的8月，炙热的阳光给我们狠狠地来了一个日光浴。看着队友身上的肉色背心我哈哈大笑，却不知道自己身上已然穿上了肉色背心。训练场上充满了我们训练发出的吼叫声，在进行摔擒训练的过程中我与一名体重偏胖的队友搭档，然而，我却没有意识到即将发生的事情将影响我一生。接下来的训练动作是过肩摔，就在我将队友过肩摔的时候不幸发生了。

队友的身体不像往常摔倒在地面的样子，而是狠狠地砸在了我的右腿上。一声清脆的声响从我的右腿传来，随即我被送到医院，经医院检查韧带拉伤软组织挫伤。医生跟我说你以后不适合训练了，我却不以为然。在休息一段时间以后我又投入到了火热的训练中去，但是我惊奇地发现我的右腿在每一次用力过后就会剧烈地疼痛。领导找我谈话想把我调到派出所，但是我却拒绝了领导的好意。我冷静地思考着说我还能做什么呢，我想要做什么呢。于是，我辞掉了我特警的工作，来到了成都。

在一次机缘巧合中，我的朋友邀请我去听郝老师的课程。命运总在无形当中编织了一张网，在合适的时机和场合总会遇到对的那个人。在听郝老师课程的过程中我被郝老师的语言魅力和深厚的管理知识所打动，课后我找到了郝老师并加了郝老师的微信。在我人生迷茫的时刻这样一个人的出现无疑点亮了我前进的方向，之后我找到了郝老师并追随郝老师。

在跟随郝老师的过程中我重新梳理了自己的梦想，树立了目标。我找到了生命的动力，在向着梦想的道路上奋力前进。经过我不断地努力，入公司的第一年我就被公司评为了优秀员工并奖励了我人生当中的第一辆车子。第二年更是成为公司的五虎上将销售主管，年收入达到50万元。我想命运在合适的时机总会遇到我们生命当中的那个贵人，而我的贵人就是郝老师。我们的人生道路总是曲曲折折，常常找不到方向。那时我们需要去问问自己想要什么？目前还能做些什么？我想你会找到那个答案。

我的梦想是帮助更多人找到人生的方向，让他们实现梦想。有的人会说梦想总会向现实低头，然而我想说只要你有梦想谁都不能打败你。做生命的强者，在实现梦想的道路上奔跑。

草根逆袭之七：吴佳兰自述——"一个离异女人"的逆袭

我的名字叫吴家兰，出生在一个大家庭中，有爸爸、妈妈、爷爷、奶奶，还有两个哥哥，所有人都会以为陈姓家里又添小公主了，是一件特别开心的事情，然而事情总是不如我们所料，出生的当晚父母就把我送走了，那晚雷雨交加我被连夜送到了另外一个非常贫困的家里，这也是为什么我不姓陈而姓吴的原因，就这样我有了家，家里有爷爷奶奶，靠爷爷奶奶卖菜带大，一个月最多吃一次肉。

我以前个子非常矮小，因为没有营养，家里也特别穷，爷爷奶奶还要供我读书，小的时候跟我自己的亲生父母只是认识没有任何情感链接，他们对我也是不管不问。我只读到了初中，因为家里太贫困，所以我不忍心让爷爷奶奶为我而操劳，初中没毕业，我就辍学了。记得当时老师来家里找了几次，但是由于我的坚持，最后我彻底放弃了学业。

16岁那年，我开始步入社会，出去找工作。因为年龄太小，找了半个多月，最后，有位好心的老板收留了我，一个月给我800元工资，包吃包住，让我帮着在超市里面理货。也许是因为从小没有得到父母的爱，所以上班一个月不到，就认识了我前夫，16岁那年我就开始了早恋，每个月面对这几百元的工资，身边一直有个男人对我嘘寒问暖，那时我也感觉很幸福的。

直到2009年最爱我的爷爷去世，那年我已经19岁了，爷爷去世后的一段时间，我感觉我的人生陷入了低谷，没多久我就结婚了。结婚前几年特别幸福，什么事也不管也不操心，我记得我姐姐跟我说："小时候的苦完了，现在是甜了，苦尽甘来。"但是这样的日子并没有像我想象的那样延续下去，在2016年我发现前夫出轨了，当我知道这个消息的时候，瞬间觉得全世界都抛弃我了，我当时痛苦地想到自杀，但是因为有女儿，我选择坚强地活下来，最后和前夫协商离婚了，从此我又回到了单身女人的行列。

那段时间，我找不到自我，就像怨妇一样，开始不断地抱怨爸爸妈妈不要我，现在老公也不要我，在这过程中我颓废了两年，心里天天都在想所有的青春都给了这个男人，他却如此狠心做出狼心狗肺的事情来，导致两年的时间每天以泪洗面，也无心经营自己的事业，那个时候天天喝酒浇愁，把自己搞得跟神经病一样，也欠下了一屁股的债务，极度自卑。

女儿也因为我离婚受到打击，变得叛逆，不听话。我跟她聊了一下，她说："爸爸妈妈都不要我，我活着没啥意思，还不如让我死了算了，反正爸爸妈妈都不喜欢我。"她的成绩变得越来越差。我作为一个妈妈听到孩子这样说心里真的是跟针扎一样疼，自己开始反思，要让女儿也要走自己的老路吗？试问自己还是一位合格的母亲吗？继续这样颓废下去，谁也救不了我。

直到2019年夏天，在我最无助的时候朋友带我走进了郝老师的"经营智慧"课堂，在课上郝老师详细地讲解了如何经营自我、经营家庭、经营孩子、经营事业，每讲一句话，我就犹如醍醐灌顶，我每听郝老师在上面讲一句话，我就一个人在课堂不停地流下眼泪。我知道婚姻的失败，很大一部分原因都是我自己造成的，如果我提前五年走进郝老师的课堂中，我的人生也许不会有这样的结果，我肯定会拥有幸福的三口之家，就是因为我当初不懂经营夫妻关系，我意识到自己的问题所在，我是一切的根源。

我当场决定要通过自己的努力加入到郝老师的公司，郝老师并没有同意我加入公司，让我回去写上加入公司的50个理由，我回去想了一个晚上，恐怕失去这次机会，所以改了又改，不低于20次，第二天发给公司的行政部，也许是被我的真诚所感动，郝老师终于同意让我加入公司。

来到郝老师身边，我不断学习和成长，通过自己的努力，6个月的时间就还清了之前所欠下的10多万元的债务，一年后我买上了我人生的第一辆爱车——宝马汽车，也许这是我的物质收获，但是我的人生绝不仅仅限于物质上的改变，我认为最重要的是精神上的改变。现在的我，不管在哪儿都是一个勇敢、坚强、自信的女人，我也活成了精致、有魅力的女人，这一切都源于郝老师一路的栽培，重要的是孩子也变得越来越自信，学习成绩也提升到了班级前三名当上了班长。现在也能在几百人的台上侃侃而谈，看到她的成长我非常欣慰。

在郝老师的感召下，我给自己立下大志，终身去推动教育事业，做像郝大维老师一样的人，去影响身边的人，去帮助身边更多的人。

非常感恩郝大维老师在我人生低谷的时候为我铺路搭桥，成就了今天的我。

草根逆袭之八：邵杰自述——"一个48岁大叔"的逆袭

我叫邵杰，我是一个从小在东北农村长大的男孩，在1986年13岁时随父亲来到青海，由农村人变成城镇户口，当时也算跳龙门吧。今年已经48岁了，期间当过工人，当过科长，辞职下海，到现在是一名培训师。回首我的人生历程感慨万千，有欢乐也有悲伤。今天把我的经历分享给有缘的伙伴们，期望对你的人生有借鉴作用，少走弯路，工作顺心，事业成功，家庭幸福。

我从1992年参加工作再到结婚生子都波澜不惊，平平淡淡。虽说是大型国企什么都有保障，什么也不用担心，就是这种在别人羡慕的生活中我总觉得好像缺少点什么，我经常问自己，活着是为了什么？是等到退休过后相对安逸的生活吗？当看到单位退休员工天天打牌、坐在墙角晒太阳的时候，我就觉得我不能这样活，具体要怎么改变我也不知道。反正心里有股不认命的火焰在猛烈地燃烧，我必须要改变，必须要改变！

在2000年家庭事业最好的时候，我在东北老家投资养殖珍贵家禽"非洲雁"。那时我刚刚当上科长春风得意，拿20万元委托远房亲戚在他家搞养殖，前后5年共投资60余万元。在2005年的时候，亲戚告诉我由于承包的场地是个人关系搭线，没有承包合同，现在镇政府要拆除违建，"非洲雁"无法再养殖了。"非洲雁"是特色养殖，认可的人不多，一直在赔钱赚吆喝，还没打开市场就胎死腹中，我欲哭无泪。我用了两年时间跟供应商、收购商、雇工打官司，身心疲惫，最后一盘点竟然赔了40多万元。

我在这期间日夜难眠，白发丛生，好像老了十多岁。性格开朗知冷知热的妻子没了往日的笑容，天天暗自神伤，最后她也想通了安慰我说："钱没了可以再赚，人如果没了我和丫头怎么活啊！过去的就让它过去吧，你要想开些，钱已经失去了，再不能失去你了，我还是一如既往地支持你，还盼望要跟你过好日子呢！"望着妻子含泪的笑容我决定振作起来，不能这样颓废下去了。就这样我又全身心投入到工作中，但是我改变不了周边的大环境，还是明显感觉到我退休终老的一幕始终在我心头环绕。与国企环境已经格格不入了。2010年在单位辞职，年底怀揣20余万元来到成都打拼。

我还清晰记得第一个手机维修店开在成都百老汇电脑城的对面，虽然没赚到大钱但也是吃喝不愁，逍遥快活了几年。2014年盈利逐渐下滑，逼近保本，手机维修行业已经是夕阳产业了，没办法我必须选择新的行业养家糊口。

在一次"新商业模型"的公开培训课上，郝老师商业思维的几个问句深深震撼到我：你有梦想吗？你愿意为它付出一切吗？你能无借口行动起来吗？你有大爱之心吗？我当时都回答不了，因为我从来就没考虑过这些问题。在听完第二节课的时候，我感觉自己白活了40年，竟然这些问题都没考虑过。这样怎能过上我想要的生活，家庭的希望又何在啊？我陷入了深思中，虽没悟出真经，但我知道一定要跟着老师学习，到他的公司上班。这位就是"西点"学院的董事长——郝大维老师。

记得刚上班的第一天，开早会之前要先跳一个热身舞蹈，之后是高喊能量操。感觉走进了疯人院都是一些神经病。心里嘀咕是不是到了传销公司啊，会不会上当受骗啊，反正心里是七上八下的。我坚持了一个月，慢慢就适应了这种工作节奏，我的改变也在不经意间体现出来。以前精神萎靡，老是没有笑脸，好像别人都欠我500万似的，很难融入团队，现在不知不觉中我天天有激情，天天笑脸相迎，人也看着精神许多，喜欢说话沟通了，家庭关系也更融洽了。跟以前同事聊天都说我变化很大，我自己也感觉容易与人亲近了，这种变化我也是一点一点体会到的，心里感觉很爽，干什么都有力气。

公司早会还有一项主要内容就是个人业务的分享，例如，见到难缠的客户自己是怎么把单子谈下来的，读了一本好书要分享给大家等。看似简单的分享其实是锻炼演讲口才、说话的逻辑以及语言的表达能力。我刚开始觉得这有什么难的，不就是说话吗，哪知分享的时候心跳加速语无伦次，前言不搭后语，没说完就仓皇下台，想想当时的狼狈相，至今也感觉好笑。就这样一个月也没什么太大的进步，一上台就慌张，说话颠三倒四的自己也感觉自己怎么这样窝囊啊。郝老师找到我说："有一个我亲身试过的方法可以马上让你的演讲口才水平大幅提高，让在你面对公司早会或面对500人演讲都不紧张的方法你要不要？"

"要啊，什么方法？"

"你确定想要，并且是一定要吗？"

"我确定，你都做过有效我还怕什么啊。"

"我这个方法告诉你你就要马上行动，可以做到吗？"

"当然，这点做不到还能干什么事啊！"

"那好，今天下班你到地铁4号线上去演讲，内容是公司的《胆识口风》，让你老婆用手机摄像，我帮你看看有什么要改进的。"

"啊？是这个……"

"怎么后悔了？这点事就把你吓住了？"

"没有，就是……好吧，我去。"

"我希望看到突破自我的你，我相信你可以做到。"

下班回到家，我的心一直在快速跳动，有惧怕有退缩更有挑战的冲动以及挑战成功的向往。已经没有退路了，我不能做言而无信的人，面子是自己挣回来的不是别人给的，拼了。说干就干，拉着妻子奔向地铁4号线。

刚进地铁车厢，看着满满当当的人，心跳急速加快，满脸通红，耳朵发烫，我都能感觉到自己的窘态。还好就耽搁了1分多钟，就对众人开始演讲了："我是来自'西点'学院的邵杰，我宣誓，从今天开始只要讲话就大声讲话，只要讲话就要用眼神表达，只要讲话就要有肢体动作……"3分钟的演讲虽然中间有卡顿，但是整体效果还好。车厢人员看我演讲完成，没有预想的谩骂与讽刺，倒是有几个人慢慢鼓掌了，后来演变成问答会了。"你是哪个公司的？""你今年多大了啊？""这个年龄了还要突破自己，我们要向你学习。""加你微信，以后好联系。"

听着他们的赞美，心里激动万分，我在演讲上突破了，我成功了。再跟车厢人员聊天哪还有什么羞涩，不好意思啊。第二天公司早会我竟然充满自信，口若悬河，哪还有半点儿紧张，把公司小伙伴都惊呆了，我心里充满自豪感，埋在心底的梦想种子已经发芽了。

销售工作我以前没干过，说实话心里是恐惧和抵触这个工作的。郝老师说过一句话：一个好的培训师不一定是好的销售，一个好的销售绝对是一个好的培训师。

在公司做培训师的月收入就几千块钱，绝不可能月收入上万元。郝老师认为我有挑战高薪的潜力，说在培训工作不忙的情况下要挑战销售，挑战高薪。我也觉得自己可以做做看吧，要不断挑战新的视野。谁心里还没有一个英雄的影子啊，说干就干。我第一次去拜访的客户是环球中心12楼软件开发公司。当我拿着公司的培训宣传册找到他们人事经理的时候，还没说明我的来意，这个身强力壮的30岁小伙子就把我往门外推，边推边说："我们不需要，出去出去，滚出去。"我带的资料和背包都掉在了地上，上面还有踩踏的脚印。我当时真想跟他干一架。后来还是忍住了，争吵和打架是没素质的表现，我不能这样做，哪能用他的火气来惩罚自己啊，我又不傻。我收拾好自己的东西，慢慢走出这栋大楼。虽说来之前有心理准备，但这个打击还是深深地刺痛了我，感觉自己特别失败。在楼下的花坛边上我足足坐了半个多小时，有委屈，有不甘，瞎想了一阵，工作还是要干，挑战还要继续，问问郝老师该怎么办吧，他毕竟经验丰富。

第二天的早会分享，郝老师说："他们公司人事经理让你滚的时候，大部分是他本人心情不好，或刚被老板训了，你进去以后刚好是一个发泄点，你还不至于让别人发那么大的火。他让你滚，你可以说我是刚从对面公司滚过来的，他说不准就气笑了，也可以化解尴尬。再不济就说资料上有你的脚印，麻烦你再多踩几脚，也是对我工作的支持。"

"说这些话的前提是你要放下你那所谓的面子，当你觉得面子丢尽的时候，那你的好运也就不远了。小范围地丢脸才能大范围地长脸，丢脸其实就是成长。马云当初推销黄页的时候不是也被多次推出门吗，我们还怕什么呢？"

"最重要的是我们要有相信公司产品之心，要相信客户需要我们的产品之心，要相信客户用过我们产品的感恩之心，要相信我们一定可以帮到客户之心，要相信信念的力量。"

之后郝老师又不间断地给我们培训了"沟通六层次""销售十四种回应术"等一些实操课程，我都记满了整个工作记事本，收获满满。

在不间断地学习和实践中，我的业绩也突飞猛进，从最初的月销售1万元到月销售6万多元，年销售额达到70万元，这些成绩对我来说是一个大的突破，对比公司销售女神年销售额达到百万元以上还是有一些差距的，不过我信心满满，3年后我的销售额必然可以达到一百五十万元以上。

每当夜深人静的时候，我看着熟睡的家人感慨万千，我从当初的搞养殖赔钱，搞维修赚了吃喝，在成都这个现代大都市我什么也没有。现在不光收获了财富、家庭和谐，更主要的是唤醒了我的梦想，唤醒了我血液里英雄的血液和永不言败的工作激情。

我的这些变化相对行业大咖都不算什么，但是我相信总有一天我会超越他们，试看谁与争锋。我站在家里的阳台上，端着一杯热茶，看到城市美如仙境的夜景，我会意地笑了，成都我爱你！

草根逆袭之九：田甜自述——"一个抑郁少女"的逆袭

我叫田甜，在我幼年时，父母白手起家，由于忙于生计，从我八个月大时便将我托付给了乡下爷爷奶奶照顾，爷爷奶奶虽然很爱我，但苦于没有文化，忙于农务，我启蒙比同龄人晚了许多，同村人经常笑话我。我在乡下的小学读到二年级，每日放学回来便哭泣，母亲觉察到了不对，费尽心血交了暂读费，把我转学到了城市排名第二的小学。

随着时间的流逝，我以为终于解脱了，但是到了初、高中阶段，父母对我严加管教，不让我交任何朋友，不能看电视，也不能有娱乐。习惯孤独的我就这样渐渐长大，时常在"就这样放弃吧"和"必须要坚持下去"中煎熬。直到上了大学，终于拨云见雾。我遇见了我一生中最重要的良师益友——郝大维老师。

后来，又去郝大维老师工作的地方实习，在郝老师的教导下学习成长，慢慢弥补自己的性格缺陷，心结也慢慢打开。毕业后，为了锻炼自己的沟通能力，我去了平安电销做一名电话销售，在我非常努力地去与别人沟通之后，我认为我不喜欢这份工作，并不能带给我很快的成长，而且长期超负荷地工作让我的身体健康发出了信号，于是我辞去了我能拿到月薪3万元的工作。正当我思考未来的路如何走下去的时候，郝大维老师的电话来了，他邀请我来到他的公司"西点"学院上班，于是我毫不犹豫地成为"西点人"，即使是当"西点"学院的行政专员，我也认为比当初月薪3万元的工作更有价值和意义。

当我认为一切都在慢慢变好时，命运无常，我的父亲因为突发急性肝衰竭永远地离开了我，我的天空瞬间没有了太阳，眼泪在黑暗里凝结成冰锥，世间凉薄一刀刀捅在我的心上，成了一个个血窟窿。"西点"的家人们都很关心我，他们在我最需要关怀的时候，力所能及地帮助我、关心我、安慰我。我的亲属，也未曾像他们这般待我——问我缺钱吗？实在不够公司来凑；问我要不要帮忙守夜？让我回去暂作休息处理后事；问我能不能来看望？要我处理好了再来，工资照发了数月。我第一次感觉到集体的力量，父亲去世时未曾流下的眼泪终于奔涌而出。

回来上班之后，我对公司文化理解得更深，业务能力也不仅限于行政文职了，公司为我升职加薪。我努力成为自己的太阳，勇敢面向生活，这种变化是发自内心地改变，而不是当年为了做销售业绩而逼着自己的改变。而我之所以能有这样的变化，这一切都得归功于郝老师、同事和公司的帮助。2020年爆发了新冠疫情，行业受影响巨大，人心惶惶，公司挺住压力，工资足额准时发放，在这重要的时刻，我入了股，义无反顾地成为公司股东，我要和公司站在一起。我相信公司的实力会给我丰厚的回报。

宇宙星河烂漫，生活点滴温暖，愿和公司一起奋斗前进。

草根逆袭之十：杨开萍自述——"一个投资失败者"的逆袭

我是一个农村女孩，我的名字叫杨开萍，出生在四川成都金堂的一个小山村里，从小喜欢画画，可是那个时候没有条件。也没有像现在有绘画学习班，那个时候自己学习漫画书里的画。还记得小时候每次上学，都要走那条烂泥路，有一次整整下了二十几天的雨，路就像泥潭一样，那一天自己连续摔跤三次全身都是泥，那个时候就在想自己一定要努力学习知识去改变命运，也在自己的内心种下了一颗种子，希望自己能够出人头地。大学毕业的时候满怀希望地进入了社会，我记得当时第一份工作是房产销售，那个时候什么也不懂，但是我真的特别地努力，工资底薪600块钱，连续三个月没有开单我正准备放弃的时候，我的老板告诉我，如果今天你放弃了，你去做其他的工作也不会成功，因为你没有沉淀。

我决定坚持，我在内心告诉自己，我一定可以做到。我那个时候不懂任何的销售技巧，就是拼命地去拜访客户，再发布信息，热情地接待每一位客户。记得有一次下雨天带客户看房，汽车走到泥洼处溅得我满身泥水，虽然内心非常生气，但我还是带这个客户去看房了，客户看到我这么执着，很受感动，他是我人生中的第一个客户。从那以后我的业绩开始稳步提升，3个月后我就做到了片区第一，8个月就做到公司第一，我相信没有老板对我说的那句话，我不会坚持下去，我如果没有坚持，也不会有今天成为销售冠军的成绩。

后来认识了现在的老公，步入了婚姻的殿堂，我老公做的是传媒工作，本来有稳定的工作，但是由于我不安现状，我鼓励老公辞职，老公虽然不愿意，但是为了尊重我的意见，选择了辞职。就这样我们开始了创业，当时认为装修前景发展很大，所以我就决定开一家装修公司。

因为我们俩都是从不同行业，跨入到装修行业的，盲目地扩大规模，盲目地招人组建团队，而且装修里面的专业知识我们根本一点儿都不懂，公司财务收支严重不平衡，但是我又不愿意放弃，不想轻易认输，就不断地投钱进去，刚开始是把存款填进去，后来没有办法只有卖掉我们自己住的房子，最后还是因为失败而告终。

我是一个骨子里不服输的人，没有办法我只能关掉公司，我开始在市场上寻找各种各样的学习和投资机会，一次偶然的机会，一个朋友给我介绍了一个投资平台，也许是因为我太渴望成功。因为我的贪婪，进了庞氏骗局，我却并不知道，因为我的原因，让我最好的朋友也受害，不但自己当时亏了60万，我那个朋友也亏了200多万元。

从那以后，我把自己关在家里整整一年的时间，我不想见任何人，也不想做任何事，身上背着这么多负债，同时也陷入了对亲戚朋友的一种负罪感，每天都会接到催款电话，每天都会听到父母对我无奈的叹息声，当时我真的动了自杀的念头，但是回过头来，一想到自己的女儿，想到她6岁的年龄，就失去了妈妈，每次我准备把安眠药放到嘴里的时候，我就会想起女儿，就失去了自杀的勇气，我决心坚强地面对我的人生。

所以我冷静下来思考，这些年自己一直是一个很努力的人，但是为什么没有获得自己想要的结果呢？我总觉得是因为我对一件事情的热情缺少坚持和韧性，所以萌生了去做教育的想法。当我看到微信朋友圈是做教育的，我给他打个电话，我说你们那里招人吗？因为她的引荐，让我进入到"西点"学院这个大家庭当中，同时也让我有幸认识了郝老师！

我从最开始的"小白"，什么都不会，到通过入职公司第一个月就拿到了公司的销售第二名。我每天比任何一个同事来得都早，公司的同事们都下班了，我还在办公室加班去帮助我的客户解决问题，我深深地被公司的价值理念所感动，我又找回了当初那个积极、自信、阳光的我。

草根逆袭之十一：胡刚自述——相信的力量

我生于雅安荥经下面的一个小山村，那里水清地灵，哺育了一群勤劳善良的人们。我自幼家庭贫困，所以小学没读完，就开始随着父母工作了，农家的孩子早当家。儿时的梦想是能建一座三层的楼房给父母住，而勤劳朴素的父母赋予了我坚忍不拔、吃得苦中苦的精神。

我小学都没有读完，当年因为文化程度太低，找工作都被人拒绝。一次机缘巧合，我找别人借钱考了驾照开始跑长途货车了。其实跑长途货车非常辛苦，每一次都是没日没夜地不停开车，当时车上有两个司机，我们轮流开车，每人开4个小时就要换一下，根本不知道白天黑夜，有的时候如果路上遇到堵车，没有按照货主的要求送达货物，有的货主还要故意克扣运费。那个时候不知道什么叫累和苦，每一次拿到运费后，那是我最开心的事情，后来因为跑车干了几年下来，发现越来越难做，我就不再从事跑货车的业务了。

我在思考我要做点什么生意，我感觉做服装的生意应该可以，毕竟这是属于人们固定消费的商品，我就和我的爱人商量，我们自己开个店。我的爱人观念很保守，刚开始非常不赞成，后来拧不过我，最后没有办法就同意了，我当时因为也没有多少存款，跟朋友那里借的钱加上我自己原有的一点点积蓄，本钱总算凑够了。

通过三个月的准备时间，我在当地开了属于我的第一家服装店。刚开始开服装店，不懂如何做生意和管理员工，连最起码的上货都不懂，因为我一个开货车的大老爷们，根本不懂什么当季流行款式，所以每次进货都有一半压在库房卖不出去，因为我学历不高，刚开始在铺面上卖货，经常因为算账算不清楚，让顾客大为恼火，我还要不停地给顾客道歉。

三个月做下来，身心非常疲惫，感觉做生意太难了，有时候甚至怀疑自己是不是做生意的料，甚至考虑要不要回去继续开大货车。每次到月底算账的时候，都有些亏损，每一次面对老婆的指责，我真的打算关掉算了，再重新做回我的老本行，后来经过朋友介绍和引荐，很荣幸让我认识了郝老师，有幸走进郝老师的课堂。郝老师为了我们的团队培训也精心设计，面对经营的问题不厌其烦地向我讲解，告诉我做生意的本质就是给客户提供价值。

从此以后我所经营的门店开始慢慢走上正轨，盈利越来越好，不到两年的时间，我就拥有了12家服装门店，现在是我们县城最大的服装品牌连锁店，如果有人问我成功的秘诀是什么，我只想说一句话：相信自己的力量！

草根逆袭之十二：何容——只要有梦就去追

我叫何容，1991年，我出生于遂宁市一个偏僻的小镇，爸爸是独生子，因为奶奶在爸爸5岁时就去世了，后来爷爷再娶，那个奶奶带过来两个女儿，也没有再生，两个姑姑在我没有出生就嫁到了很远的地方，我也从来没见过。我爸属于三代单传，可是我妈连生我和妹妹，都是女儿，虽然家里穷，当时的想法就是一定得有儿子传宗接代，所以又有了我弟弟的出生，我妈妈身体本来就不好，加上生了三个孩子，家里情况更不乐观，从小我就不得不在外婆家寄养，从那时候开始我就知道了只有讨人喜欢才能有吃的，任何事情只有自己去做才行。

本以为好好读个大学就能有一个改变自己命运的机会，后来妈妈生病，没钱交学费了，还有弟弟和妹妹，所以高三那年，我只能跟老师说我不想读书了，选择了退学。我记得离开学校那天我一个人默默地哭了很长时间，没上过大学是我人生的一大遗憾。

都说穷人家的孩子早当家，作为家中的老大，由于母亲体弱多病，家里只靠父亲在工地每个月1200元的开支来维持，除去给母亲看病，远远不够家里的开销，我不得不承担起养家给妹妹和弟弟挣学费的重担，一个人刚来成都时，一个瘦瘦的身躯穿梭于大街小巷，找了一个多月的工作，最后有个老板可能看我可怜，所以好心把我留下，但是当时老板说我可以管你吃住，没有底薪，工资全靠提成。

当时比较年轻，就是每天心中有很多想法，但是付诸实际行动太少，在那里干了一年多，也没有真正意义上存到钱，因为只要发工资就要第一时间给老家弟弟妹妹寄回去，虽然那时工作很苦，但是心中一直有梦，一直想摆脱家里贫穷的境遇。有句话说"穷在闹市无人问，富在深山有远亲"，我是非常有感悟的。后来认识了现在的老公，所以就稀里糊涂地结婚了。

老公家里条件不算差，加上父母一直劝，工作不顺心的我，选择回到老家，很快孩子也就出生了，孩子的出生除了给家里带来欢声笑语外，我深刻地感受到一个女人如果没有工作，在家里面的压力是非常大的，其实女人不管你挣多少钱，那份工作就是一份尊严。加上那段时间老公工作的波动，我在女儿出生6个月就出来找工作了，兜兜转转一圈，找了很久还是没有找到我满意的工作，最后我又回到了我入社会就从事的二手房中介工作。

因为原生家庭的影响以及现有家庭的压力，让我认识到工作的重要性，我开始选择了更加拼命地工作，由于我的勤奋，老板深深地为之感动，在2018年老板选择让我入股，让我成为公司的股东。我从之前的一个人单打独斗，到现在让我带领团队，我遇到了很多问题，最差一个月我们三个人只做了8000多块钱的业绩，三个人的总业绩，还不够一个人的成本，我沉默了，我知道我这不是在证明自己有本事，而是在证明自己没能力。做得不好被老板骂无可厚非，我哭了，我不是感觉委屈，我只是感觉老板那么信任我，而我却没有达到他想要的结果。那个阶段，不知道我一个人在夜晚默默地哭了多少次，到现在我自己也不记得，但是当第二天太阳升起的时候，我依然面带微笑去迎接新的一天。

我这么多年只是努力地工作，根本没有停下来好好学习，自己在工作中也越来越感觉知识匮乏，所以我知道我应该静下心来好好学习提升自己了。一次偶然的机会，我记得应该是很便宜的100元一次的公开课，其实那时我去之前是抱着怀疑和不相信的态度的，因为学费太便宜了，也不一定有什么实质性内容，带着半信半疑的态度赶到了会场，进到会场后，郝老师在舞台上的魅力深深地把我吸引了。虽然郝老师只演讲了一个小时，我就果断地冲上台，报了一个代理商名额，我非常认可郝老师分享的观点，因为我宁愿穷自己的口袋，也不能穷自己的脑袋，我对知识真的太渴望了。

我不仅需要学习怎么教育孩子，还需要学习怎么做一个领导、一个老板、一个下属，在人际关系处理这一块，一直都是我的硬伤。我坚信只要学习，没有改变不了的东西。

后来郝老师组织四川企业家进行"生命智慧"之旅活动，我荣幸一起参加了，在四天三夜的腾格里108公里沙漠中，我跟各个领域的成功人士交流很多，他们都比我经验丰富，那一次真的学到了很多。同时我真的感觉到，我当初花了1个小时听郝老师的分享，就果断上台报名郝老师的课程，那是我此生中最正确的决定。

我知道这不是我的终点，我还在努力的路上，只要努力就没有改变不了的事，一个人只有思想的改变才能让行为改变。

感谢生命中的每一次相遇，感谢每一次学习带给我的成长。因为学习，让每个人的机会变得更多。

草根逆袭之十三：董宏伟——坚持终将开花结果

从一名英语老师到27个校区董事长，戴氏教育，董宏伟。

我叫董宏伟，出生在四川巴中，从农村走出来。

我是大学英语专业毕业，我毕业后是可以回到县城包分配到学校当老师的，但是我感觉那不是我人生追求的梦想，我认为人生一定要对一件事情有足够的爱和兴趣，这样才会有原动力，所以我选择来到戴氏教育当老师。我已在戴氏教育摸爬滚打了将近20年，我从最基础的英语老师（当年教学还不像今天有各种先进设备），手提扩音器，从顺吉大厦（戴氏教育的总部）1楼跑到9楼，每天都在不停地上课。虽然当年上一节课报酬很低，只有20块钱人民币，但是我享受其中，我是戴氏教育资历最老的员工，只有我一个人跟着老板工作了将近20年，如果问我什么是成功的秘诀，就是坚持最初的信念。

当年老板看我在他身边工作了那么久，我的专业水平首先没话说，所以独自让我掌管一个销售大区。

记得在2019年，郝老师组织了"生命智慧"课程，带领四川26位企业家去走腾格里108公里沙漠体验之旅。我第一时间报名参加，我是很向往能和优秀的企业家一起去交流，因为做老板的人非常孤独，我们有任何话，都没法跟员工去交流，但是去之前我内心是非常惶恐的，4天3夜行走108公里沙漠，我不知道我的体能是否能够坚持下去，但是我告诉自己，只要选择了就坚持走下去。

在沙漠行走的4天，真的是我终生难忘的4天，在这4天中，我不仅收获一群生命中的挚友，关键是我们一起交流探讨管理中出现的各种问题。我记得第三天郝老师要求所有队员，禁止说话行走一天，我由于体力透支，举步维艰。所有队友都在一直鼓励我坚持，也许那个时候只要有一个人退出，我也就可能顺带着退出了，但是身边的队友每个人都在坚持。在爬向2500米高的沙丘的时候，我一边行走，一边思考我的人生，想起了很多往事，想起了我过往的四十几年人生，我情感突然间崩溃了，一个人号啕大哭，身边所有的队友都围过来安慰我、鼓励我，我真的很多年没有这种团队的友谊了，很庆幸的是，我全程坚持，终于挑战成功！

回首过去的几年，通过我自己的努力，也同时感谢郝老师每一次对团队打造管理的指引和精心设计，使我负责的戴氏教育销售额连续4年都是集团公司内排名第一名，同时去年我也把销售额率先做到了有史以来历史性的突破一个亿。在这里，我想告诉所有的创业者，坚持最初的信念，同时也取决人生中出现的贵人帮助，在这里我非常真诚地感谢生命中能够遇到郝老师这样伴随一生的良师益友。

草根逆袭之十四：张磊——梦想承载的力量

从2000万元跨越到一个亿的职业经理人，南充珠宝城，张磊。

我叫张磊，一位职业经理人，从事的是珠宝零售行业，来自四川省内的一个地级市。

我出生于1987年，来自川南一个偏僻的农村，父母因为家境贫穷在我3岁的时候外出务工，把我托付给了年近六旬的奶奶独自抚养，期间父母2~3年会回家一次。在那个全村孩子都是"留守儿童"的年代，似乎这是每个孩子再正常不过的生活。当父母再回到我身边的时候，已经是我高考前一年。

2002年是中国足球的"黄金元年"，电视机前的我被这项运动所吸引，初中一年级的我开始迷恋上足球，现在回忆曾经我对足球的热爱，仿佛是足球让我第一次体会到了"西点"精神。

高考后，我如愿走进了省城理想的大学。我是一个好强的人，凭借对足球这项运动的热爱和出众的竞技能力，我在学校成为受人欢迎的一类人。我小时候最怕与人说话，但是我知道要想融入这个大城市，必须要学会交流，所以我主动争取当队长，甚至竞选学校足协主席，就是想让自己看起来更像城里人。大学期间，我除了上课，就是踢足球或者从事和足球相关的校园运动。每个男生心中都有一个"女神"同学，但别人所谓美好的校园爱情，对于我这类人而言好像有点奢侈。

因为自己家庭条件关系，我压根不敢去想，更别提行动了。

2010年大学毕业，同学们要么早就通过父母帮助找到了适合的工作单位、要么就回到家乡参加了公务员考试。而我没有任何资源可以利用，只能打着"追求梦想"的旗号留在这个大城市里。其实不想留，但是不得不留。

怀揣着父亲给我的300元钱，我借宿在同学的合租房里，那是一个老式小区的天台，只有一个房间、一张床，没有空调，半夜热得不行的时候，我们俩就把凉席搬到露台上去睡觉。忍受着蚊虫的叮咬，仰望星空，谈天说地。

毕业后的1个月，我每天都穿梭在各大人才市场，找工作对于我来说成了头等大事，我不想将就，我想找到一份自己满意，看起来高大上，又有发展潜力的工作。我面试过房产销售，别人嫌我形象不够好；我也面试过汽车销售，但是我连驾照都没有。正当我站在街边为自己的未来惆怅和发愁的时候，我看到街边高大上的珠宝店，一种莫名的力量在推着我走进去看看，或许我内心是想感受一下有钱人的感觉是什么样的？服务人员热情地接待我，闪闪发光的珠宝首饰、扎心的价格，让我一下子想到了我的职业目标：卖珠宝！

有时候人生就是这么神奇，第二天我在人才市场碰到了一个招聘市场专员的珠宝公司，这个公司是销售翡翠玉器的，需要出差各地拜访老板，然后向他们推销公司的翡翠玉器。

没有一丝犹豫，我立马选定这个工作。虽然没有珠宝店看起来高大上，虽然需要出差和陌生拜访，但是我想这至少也算是一只脚踏进了珠宝圈子。

各地出差、拜访老板、邀约客户，是我接下来每天的工作内容，虽然钱没有挣到，但是让我对省内各个地区的珠宝市场有了初步的了解。2011年，我离开了我的第一个公司，加入了当时省内最大的珠宝公司，这个公司在省内有150家门店，办公室在一个高级写字楼里面，我的职位是拓展专员，工作内容就是去开发市场，邀约老板加盟我们公司的品牌店。连续一年的时间，没有找到一个加盟商，公司领导也挺好的，不责不骂，每周双休、五险一金、每天还包中午和晚餐两顿饭。这样的福利待遇对于当时的我来说真的有点舒服到无法自拔。

在"安逸舒适"的工作环境中，我渐渐地开始习惯办公室文化，为人处世阿谀奉承、对待工作偷奸耍滑，练就了一身写报告指责别人问题的能力、却永远说不出怎么处理自己指出的问题。

每天在公司就是等下班，下班后的麻将和酒吧似乎对我产生了更大的吸引力。酒吧成了我最喜欢的地方。2011年底的某天，我头一天在酒吧烂醉到凌晨四点，第二天到公司困得不行，我悄悄跑到厕所的马桶上坐着呼呼大睡。一觉醒来已经是3个小时后，走出厕所回到办公室，居然没有一个人发现我消失了三个小时，有点小窃喜后随之而来的是沮丧，想不到我真的是这个偌大的办公室里最可有可无的人。持续一年的"养老工作"让我彻底地沦落成了一个"没追求、没本事、没钱"的三无青年！思考几天后，我决定该换换环境了。

我离开办公室文化后，决心一定要换个活法，我面试到四川另外一个行业内比较有名的珠宝公司，此时我的职位变成了"区域经理"，但这个听起来更有格调的岗位名称并没有给我职业成长带来足够的满足。我的工作内容是巡查门店，帮助门店管理和营销活动，然而，我是一个从来没有真正接触终端珠宝门店的人，所以在门店我也没有得到员工或者老板的重视，吃在店里、睡在店里，一段时间里我成了店里挂着"区域经理"头衔的"夜班保安"。

这种不被人重视的感觉让我倍感失落。我在想我真的不适合这个行业，试了两年没有看到一点希望，我最看好我租屋小区门口的冒菜，想着我能不能也开一个火锅冒菜店，但是打听了一下开这样的冒菜店需要20万元以上，这对我来说绝对是个天文数字，当时的我已经连续两个季度的房租是由兄弟援助的了。

偶然一次机会我听到一句话"之所以你能跳得高，一定是因为你能蹲下去"。是啊！我能沉下去吗？沉到行业最基层去吗？

2012年末，在老家市区的街上碰到了一个正在装修的珠宝门店，我鼓起勇气去面试珠宝顾问的职位，此时的我虽然已经干了两年的珠宝店工作了，但我从来没有真正做过珠宝顾问，也没有直接参与过跟客户的一对一销售。但是想想人生不就是应该这样吗？不尝试永远不知道自己行不行，跨出自己的"舒适圈"才能得到真正的成长。经理对我面试表现非常满意，我也非常珍惜这份工作，在我心中这就是我强留在珠宝行业的最后一班渡船，如果我还不能有足够优秀的表现，那我真的就彻底放弃了。

任何事情的开始总是困难的，我也遇到了同样的困境，开业前三天店里人满为患，我却一件货都没有卖出去，隐约感觉我糟糕的人生还将继续，但是一对年轻的新婚夫妇客户的出现改变了我，让我坚定了干下去的信念。我正在为他们打包刚购买好的钻戒的时候，店长过来问他们对我的服务还满意吗？让我感动的是，这对新婚夫妇一个劲地夸我态度好，服务专业。如果没有记错这应该是我职业生涯第一次听到如此真诚的赞扬，此时的店长顺口回答了顾客一句："您说的对，因为张磊是我们店的销冠！"十年后的今天，我已经不记得那对年轻夫妇的名字和样子了，也不知道那位店长是否还在珠宝行业，但是他们一句话真真实实地改变了我的人生轨迹。对，我就是要做珠宝销售！去分享每一份美好，见证每一对新人的幸福！因为我对工作的态度和能力得到了公司的认可，3个月后，我成了组长，5个月后我成了店长！期间拿到最高的工资是7260元，也是我工作两年以来拿到最高的工资。而这两年很多同学已经靠自己的努力月薪过万自费买车了！我想，我只是起飞慢点，只要能飞就行！

2013年3月5日，一个久未联系的朋友打电话告诉我，说在另外一个城市有3个珠宝店需要个经理。听到这个消息我想都没有想立马答应下来。毕竟对我这样一无所有的人来说，能坐上"命运的赌桌"就是赢，因为我输无可输。果断辞掉刚上任一个月的店长职位，放弃了15天的工资，拖上一个行李箱再次独自出发。

初到这个陌生的城市，仿佛一下子我的人生换了个频道，我用高度敬业的职业精神在短时间内征服了股东和员工。我从来不跟公司谈工资，因为我相信只要能力好，工资自然就会高！2013～2016年，我人生和企业的发展一起走上了快车道，从3家门店50个员工（最大店400平方米）到四年的时间里发展到了6家门店130个员工（最大店3000平方米）。

2016年底开始，随着市场环境的变化让我开始第一次觉得销售难做了。曾经的营销方法和手段似乎在消费者眼中越来越明了，业绩难以增长，员工内部矛盾多，更可怕的是我本人对未来的经营管理也没有了希望。这个时候朋友推荐我们找一个专业的培训团队进行一次企业内训，几经对比后选择了"西点"学院。

我和我的团队是极其幸运的，经过培训，业绩从原来已经连续10个月没有突破10万元，培训完之后，仅仅使用了老师课堂中的一个杠杆原理，让我当月一个月的业绩就突破了68万元。

曾经的我会认为培训就是打鸡血的过程，经历了这次学习彻底地改变了我的想法，原来培训学习的本质是给企业和团队带来希望。一个有希望的团队才能干得更好，才能走得更远！

草根逆袭之十五：杜亚南 —— 4个孩子的母亲

从负债到拥有自己集团餐饮公司，川西坝子，杜亚南。

我叫杜亚南，来自吉林长春，我是2007年来到四川德阳，当初选择来四川是因为家庭太贫困了。本来不是很富裕的家庭，也许是上天为了考验我，去医院做产检，医生告诉我，我怀的是三胞胎，也许对于富裕家庭来说，应该是很开心的事情，但是我却高兴不起来，一想到三个孩子的未来，我就愁绪满怀。

但是我还是选择把三个孩子带到这个世界上，当三个孩子来到这个世界上的时候，让我开心的同时又让我感到很焦虑。因为三个都是男孩子，而且早产6个半月，三个孩子每天都要在医院的保温箱中度过，每天要花费将近2万元，就这样孩子在保温箱里面待了两个多月，因为医院7天就让缴费一次，本来我和老公就只有几万块钱的积蓄，到医院3天就全部花掉了。过了一个星期，医院就开始催着让缴费，老公就到处借钱，把每个认识的亲戚朋友都借了个遍。

那个时候也让我看透了人情冷暖，最让我伤心的是突然间身边的朋友和亲人都像躲避瘟神一样躲得远远的。记忆最深的一次，有一天，老公很想念他的一个朋友，就给朋友打电话，没想到老公还没说什么，他的朋友马上就说："哎呀，我最近不好，太难了。"

老公很伤心，他明白，这是怕他张口借钱啊，老公什么都没说，只说一句话："没事兄弟，就是想你们了问候一下……"当时我们已经负债80多万元，面对巨额的开销，因为没钱买菜吃，逼得我的妈妈偷偷去菜市场捡菜，因为市场会把小商贩不好的蔬菜扔掉不要，我的母亲偷偷捡回来做给我们吃，我抱着母亲号啕大哭，感觉十分亏欠母亲，现在提笔写这些往事的时候，我已经泪流满面。

即使生活很苦，但是我一直没有放弃追逐成功的脚步，我和老公两个人一直互相鼓励，告诉我们自己一定能挺过这艰难的时刻。阳光总会在风雨之后出现，恰逢圣诞节，我老公有位四川的朋友，刚好来到长春出差，看到我们当时一贫如洗的生活状况，实在不忍心看到我们这样，就跟我老公说："去四川吧，我们兄弟一起发展。"

老公回家后和我商量，当时做选择的时候真的是难以下决心，毕竟有三个小孩子了，举家从东北来到几千里外的四川，心里忐忑不安。经过再三思虑，最终还是决定到四川闯一下，2007年5月份，我们带着孩子和妈妈来到四川，开始我们的艰苦创业。因为老公朋友的帮忙，我们开了川西坝子干锅，其实生活的苦可以忍受，最难的是到了陌生的地方，语言不通，文化不通，有的时候别人骂我，我都是笑脸相迎。

每天起早贪黑的，生意又不好，三个孩子又那么小，因为早产孩子每天基本上都是在吃药，生活的压力，精神上的压力，把我压得喘不上气来，但是我坚信，我一定会成功。因为听不懂四川话，受了不少的委屈。

有一次供应商到店里收完钱走了，到其他的地方收钱，一个小时后回来找我，说我给他的钱是假的，让我给他调换，这样那样的插曲太多了，如果要说10天10夜都说不完……

也许生活到达低谷的时候，从哪里看都是开始爬坡。功夫不负有心人，生意在2008年的时候突飞猛进，我们不但把欠的80多元万外债还上了，还买了属于自己的房子和车，虽然都是贷款，但对我们夫妻来说知足了。

经过这么多年，我和老公努力地坚持，生活不能说有多富裕，但比上不足比下还有余，在2010年的时候，我们家又添了一个千金，随着生活质量的提高，孩子们的教育也让我们夫妻俩重视起来，因为前些年在努力创业，三胞胎都是外婆带大的，因为老人带孩子肯定会有很多宠爱，养成很多坏毛病。学校老师隔三岔五就把我找到学校跟我谈话，因为孩子教育的事情，我感觉我再次崩溃了。无数个夜晚，我一个人坐在床上默默哭泣，因为之前我一直忙着事业的打拼，疏忽了对孩子的教育，本身我的学历不是很高，我不希望我自己的孩子跟我一样，我也不希望我的孩子重新把我所经历的苦难在他们身上重演。

2019年放暑假的时候，我和老公说："怎么办呢？孩子不能再这样下去了，我们这么辛苦，为了什么呀？还不是为了孩子，你看现在三兄弟，不爱学习，就喜欢打游戏，长久下去孩子就废掉了，能不能找一个全封闭的训练营，把他们三兄弟都送去，让他们吃点苦头，知道生活不易。"

老公很赞成我的想法，正好他有个老乡在郝大维老师那里工作，就这样我们夫妻俩把他们三兄弟送到"西点"训练营。我们每天都会接到三兄弟的电话，无非是些抱怨的话："妈妈这里简直是地狱啊，你什么时候接我们回去？我们不要在这里了，求你了，我们回去会改掉坏毛病，你就接我们回去吧。"

听到他们说这些，我更决定不让他们回来了，一周的训练我硬是让他们待了半个月，而且和教官联系，不让他们打电话，和教官说，如果不改变就一直待在那里，教官是个很负责任的人，随时和我们沟通他们三兄弟每天的状况，由开始的抗拒到最后的接受和改变。有一天教官给我们打电话，让我们去接他们三兄弟，说他们可以毕业了，而且很优秀。

做父母的虽然嘴上硬，心里还是惦记孩子的，我和老公很早就赶到营地，当时刚好看到他们吃完早餐，排着队在等着洗碗。我和老公躲在旁边，偷偷地看着他们，看着他们把碗洗干净，放到指定的位置，急忙跑去站队喊口号，标准的军姿在大太阳底下纹丝不动，晒得跟个黑炭似的，因为是8月份，天气很热。当时心里既心疼又高兴，如果放在以前，怎么可能，这么大的太阳还站在那里，多走几步路都嫌累得慌，现在竟然站在那里，顺脸淌汗，竟然还一动不动，我和老公对望一下，心里都很欣慰。

随后我毫不犹豫地给他们三兄弟报名郝大维老师的"我应为王"训练营。

没想到，训练营让孩子们改变了许多，从之前一个都不敢在台上讲话的孩子，到结营的时候站在台上，面对下面100多人，竟然毫不胆怯，非常大声地讲话，回到家里让我更惊讶，竟然都很主动地帮我做家务，早上也不睡懒觉了，懂得感恩父母的付出，知道心疼我们了，心里也有了自己的目标。三兄弟都很兴奋地和我说，要做一个能帮助别人的人。我心里高兴，比我买房买车还要开心100倍。

第二次复训的时候，我果断给我小女儿也报名参加了培训班，这下不要紧，兄妹四人都兴奋得晚上睡不着觉。

感谢生命中的每一次相遇，感恩每次学习带给我和孩子们的成长。

草根逆袭之十六：周燕——你若盛开，蝴蝶自来

我叫周燕，是一名房地产销售人员。

我的家乡在四川宜宾，一个偏远的农村，我的父母都是地地道道的农民，以务农为生，从小读书放学回来，做完作业第一件事情就是帮助爸爸妈妈干农活。割草喂牛、切菜喂猪，我的手上到目前为止，都还有小时候切猪菜不小心留下的刀疤痕。农村朴实的生活，让我从小就对外面精彩的世界非常地向往，向往同龄人有零食吃，有零花钱用，有漂亮的衣服可以穿。朴实的农村生活，也让自己的内心非常的不自信，怕与人交流，怕在众人面前说话。

我读书的时候最喜欢的运动是打乒乓球，经常跟一群男孩子玩在一起，所以从小自己有个外号叫"假小子"，小时候，我都把自己当成一个男孩子。我的读书生涯到高中毕业就结束了，那时的成绩是非常不错的，记得初二的时候，我的成绩排到全年级30多名（全年级有8个班，每个班都有60多人的），我很清楚地记得那一年妈妈奖励了我一件新棉袄，那件棉袄，我穿到了高中毕业。以至于后面破了都没舍得丢，之所以没有继续读书，是因为我不想看到我的爸妈日夜为了我的学费操劳，我想尽早地去社会闯荡，我想自己赚钱，我想减轻他们的负担（我还是非常后悔自己没有读大学，每每听到其他的朋友聊到大学生活是如何的好，如何的潇洒，我是非常羡慕嫉妒，我只能选择沉默不语，因为我不知道读大学具体是什么滋味）。

那年我18岁，我到社会的第一份工作是我哥给我找的在超市当收银员，虽然每天面对的人不多，但是我却因为长期的自卑导致心理有些抑郁。怕跟陌生人交流，不敢看别人的眼睛，生怕他们知道我在胆怯，还因此去看过医生。我知道，我必须要改变，我必须要提升自己，才能改变现状，才能让自己自信起来，而且是那种发自内心的自信。

后来又换过几份工作，都不是很如意，做了几个月就离职了。人生总是要有一些经历才能长大，在20岁那年，家里为我过了一个比较大的生日，我也因为在社会上飘了两年，渐渐明白了一些道理，没有人会使你强大，只有你真正地想要强大。

2009年，我在街上闲逛的时候，遇到一个派发美容传单的销售，说他们的美容院在招人，只要认真工作，工资可以无上限，一个月至少是3000~4000元。我被3000~4000元/月的工资吸引了，我第二天果断地去面试，对方对我很满意，让我第二天就去培训上班。我很珍惜这次来之不易的机会，经常为了给客户做护理而忘记吃饭，我认真的工作态度得到了店长和经理的认可，我很清楚地记得，有一个月因为一位阿姨办卡，我工资拿到了6000元，那个月做到了公司的第一名，成为公司的销冠，很快被升为培训导师。又很快被派去自贡出差，当那边的培训导师，但是我深知，我的护理手法还不够精准，我的谈判技巧也不足以打动客户，也没有任何的管理经验管理员工，有句古话说得很好，德不配位，必遭祸殃。自从那个月我拿了6000元的工资后，我总是生病，然后又是钱包被偷，手机被偷。在自贡上班的每一天，最害怕员工问我专业的问题，也害怕与员工交流，每天都是在惶惶度日。到2009年底的时候，我辞了这份工作。

2010年的时候，我来到了大都市成都，开始与这座城市结缘。我还是做的美容方面，但是这份美容工作与上一份工作不同的是，这个美容工作是实实在在要拿效果说话的，没有达到客户预想的效果，全额退还费用。我需要到多地出差，出差到不同的城市，说服美容店的老板娘做我们的加盟商和合作商，还要给每个店的老板娘培训我们的美容技术，每次出差还要带上比我还重的仪器，那一年过得非常辛苦，我清楚地记得，那时候的压力非常大，因为那时我只有21岁，社会经验严重缺乏，在面对美容院的老板娘和客户的时候，我是非常不自信的，我害怕自己说错话，我害怕别人认为我太年轻，不跟我谈合作的事情。那一年因为压力过大，常常失眠到深夜，心中常常是在构思如何与美容院的老板娘对话的话术。

"宝剑锋从磨砺出，梅花香自苦寒来。"成长的过程是痛苦的，想要成长，必须要经历痛苦，自己慢慢地开始理解这些话的含义了。真的非常感谢那一年，因为那一年，我成长了很多，在不断地与美容院老板娘交流和谈判、培训的过程中，我找到我存在的价值，我开始变得自信，我开始可以在众人面前大声讲话。

接触房地产行业，是我在生完儿子开始出来上班的时候，那时候与其他宝妈们一起带小孩，听到他们聊房地产行业是多么多么的神奇，一单成交就是几十万上百万元，月薪上万元也是相当容易的事情，耳朵的神经迅速把这个消息传输到我的大脑，我也要进入房地产行业！

进入房地产行业我把自己一切清零，一切从头开始。一开始跑盘，一层楼一层楼地爬楼梯、扫楼、记户型、画户型图；一条街、一条街扫街，熟悉楼盘商圈，有时候一天要带看5~6组客户，一天要爬无数次的7层楼，（刚开始做的是老小区，没有电梯，只能爬楼梯）。早上9点上班，晚上有时会拖到10~11点才会下班，虽然这么辛苦，但是第一个月并没有开单，第二个月才开单，开的是600元/月的一个小住房的单子。当时签合同的那种喜悦之情，我到现在都还记得，慢慢地我开出第二单、第三单，就这样我做了一年，开的都是租单，没有做过买卖单，租单的提成很少，每个月结算下来工资也就 2000~3000 多元，那时我的孩子 2 岁了，我把他放在老家，爷爷奶奶照顾，过年回家的时候，看到孩子全身穿得脏兮兮的，关键是还认不得我，过年回家我伸手去抱他，孩子本能地推开我的双手，跑向奶奶，不认识我这个妈妈，那时我哭了，哭得很伤心。

我对自己说，我一定要在成都立足，我一定要在成都买房，我一定要早点把我的孩子接回成都。为了这个目标，我开始接触买卖楼房的单子，因为买卖的提成很高，我珍惜每一个客户，珍惜每一次带看，我珍惜每一个电话，通过自己的努力，我终于在 2014 年底，在成都有了属于自己人生的第一套房子，2015 年我把我的爸妈和孩子都接到了成都，每次回家我都会给孩子一个大大的拥抱，看着孩子每天在一点点地成长，我心里是满满的幸福。

2015 年底，因为机缘巧合，我开始做商业地产，因为那时的住宅已经比较饱和，客户也已经开始变得比较难成交。来到我们现在的团队，我遇到了我生命中的贵人，他带领我们这群志同道合的小伙伴一起成长，一起共进退。2018 年，我又买了我们家庭的第一辆车，2019 年，我买了我们家庭的第二辆车和第二套房，但是我深知这不是我的终点，我还有很多方面需要去提升。我也是在一次偶然的培训课中，结识了"西点"，我非常喜欢他们的那种疯狂的工作状态，我一直都坚信，人只要有了好的状态，其他的一切都不是问题，有了好的状态，可以改变一切。

未来的人生我会一直保持一颗向上的心，未来可期！你若盛开，蝴蝶自来！

后 记

关于人生使命,作家黑塞曾有一段打动无数人的话:

"对每个人而言,真正的使命只有一个:找到自我,然后在心中坚守一生,全心全意,永不停息。"

很明显,作家这段话的意义在于激励我们不要盲目跟随大众,要坚守内心,勇敢做自己。但人如何自我实现的问题,他并没有为我们指明一条路。

其实,做自己这件事,既神圣,又很平凡。具体到现实中,它无非是要我们懂得发现自己的才华,并将之发展成事业。唯有如此,人的潜能才能得到最大程度地发挥,同时又能照顾到我们给予社会的回馈。

记得有一个这样的故事:

曾经,有个乞丐在路边坐了30多年。一天,一位陌生人经过。这个乞丐机械地举起他的旧棒球帽,喃喃地说:"给点儿吧。"

陌生人说:"我没有什么东西可以给你。"

然后问他:"你坐着的是什么?"

乞丐回答说:"什么都没有,只是一个旧箱子而已,自从我有记忆以来,我就一直坐在它上面。"

陌生人问:"你曾经打开过箱子吗?"

乞丐说:"没有。"

乞丐说:"有什么用?里面什么都没有。"

陌生人坚持说:"打开箱子看一看。"

乞丐这才试着打开箱子。

这时令人意想不到的事情发生了,乞丐充满了惊奇与狂喜:箱子里装满了金子。

我们当然不是这位只会机械地重复乞讨的乞丐,但在谈到天赋时,我们不是常犯这位乞丐类似的错误吗？我们对自己拥有的一切习以为常，并认为它们毫无用处，却从未发现这是个"宝箱"。

有时我们觉得自己凡事不如人，其实是因为我们把自己某方面的无能归结为所有方面的无能；或者因为认为自己在很多方面落后于别人，就否定自己拥有的天赋。

其实，就算一时凡事不如人，但只要能发现并刻意塑造自己的天赋，我们仍能成为独一无二的自己。这一点我深有体会。

生命的价值不在于你的出生，而在于你一生中谱写了什么样的人生篇章！

每个人的人生都不一样，但每个人一生中必须经历的事情大致是相同的，学习、成长、择偶、成家、立业，这些都是每个人一生必须经历的事情，核心情节一致，只是表现形式不同而已！

曾在微信上偶遇我中专时的同班同学，记得当时他还和我是邻铺的舍友，没想到一转眼就有12年没见了。当他报出一个熟悉而又陌生的名字时，我在大脑中搜索了许久，他又报出他是曾经经常晚上跑出去玩电脑玩通宵的那个同学时，我终于记起来了，一段简单的对话让我感叹不已！

他说在网上搜索中国十大培训师，结果看到我的照片，感觉我的面孔很熟悉，然后又查了一下我的资料，终于想起原来我就是他的同班同学。

他说，没想到多年不见，现在我居然成了一位励志培训师了，并感叹他现在已慢慢变成普通人了，过上普通人的生活。

他说，他的人生基本上是被电脑给毁了，网络游戏玩了近8年，谈了5年的女友分手了，直到两年前一次回家看到父亲的背影，突然间长大了……只可惜自己看到得太晚了，要是早几年前就看到父亲的背影，或许他不会沉迷网络游戏那么久，或许会是另一种人生！

说实话，谈到这里我有点儿心酸，毕业这么多年了，我和同学联系得并不多，大家越来越远，没有了共同的语言，现在我们都再也回不到从前了！

曾经的他可是我们班上的天才，听说大专毕业后他又考入了辽宁的某大学进修计算机专业，我在成都创业时还曾联系过他，不过当时他在打游戏，我问他玩游戏不是很浪费时间吗？

记得当时他的回答是："你懂什么，玩游戏也可以赚钱，知道不？"

这大概是十年来我跟他说的最后一句话了。没想到十年过去了，他已不是当时年少轻狂的小男孩了，也许他长大了，成熟了，但能感觉到他的伤感。人生很多时候是没有办法重头来过的。

当初我开始推广培训课程和永恒不变的成功法则时，身边并没有多少人认可我，或许当时大家也不太相信学习可以改变命运吧。那时候绝大多数人谈论的是什么我现在也想不起来了。

没想到十年过去了，现在身边不少人开始学习我十年前学习的东西，或许是生活的压力迫使他们离开了所谓的舒适空间。现在开始意识到这个问题也不算晚吧！

我安慰他说："只要开始，永远不晚！现在开始努力，人生一样有的是机会！"但不知有多少人愿意开始。我发现大多数人都很急，越急就越难成功！要知道赚钱不是过程而是结果，只有我们踏实地做好事情才可能获得金钱的奖赏，然而我们太多的人把赚钱放在第一位，而没有去分析赚钱背后的规律。

有一句话说得非常好：很多人在开始梦想时发现别人已经实现了自己要实现的梦想，就开始怀疑自己追不上了，于是就放弃了梦想，最终成了普通人！

记得 2012 年我大学毕业时，我班上一个同学以全地区第一名的成绩考上了研究生，进入了成都某个学校开始工作。当时不知道有多少同学羡慕佩服他，但时隔 6 年，我听说他辞职下海，加入了一个软件公司，开始了一名业务员的工作活。

我时常在想，如果当初他知道自己会成为业务员，何不早在 6 年前就加入公司，反而可以给自己多 6 年的奋斗时间，但这只能是假设，因为人生没有那么多如果，有的只是后果！

有些后果我们可以接受，有些后果我们却无法承受，也许生活就是这样，走过的路就永远也回不了头！

我曾听说过一句影响我一生的话：人生是可以设计的，设计什么都不如设计自己的经历！

读书时期的我们都非常单纯，正如一句话所说："我犹如一只趴在玻璃窗上的小虫，前途一片光明，却又找不到出路。"那时我们对人生充满了希望，但又十分的迷茫，我记得当时老师常对我们说："先就业，后择业！"

我们很多时候只是为了工作而工作，从来没有想过如何透过工作来规划我们的人生和事业，不知不觉中我们的人生就这样老去了！

有人曾和我说过，如果一个男人一生中换三个行业，那么这辈子基本上就算是玩完了！

低层次的改变，靠观念。中层次的改变，靠磨难。高层次的改变，靠绝境。

人生所有的改变都来自我们灵魂的觉醒，而灵魂的觉醒又来自我们人生经历过程中的触动，因为一句话、一件事、一个观念而让自己的内心发生触动，从而带来灵魂的觉醒！

有些时候我们听到别人的一句话，让我们的内心发生触动，于是我们开始改变；有些人是因为情感或家庭的变故而大彻大悟。如某人健康出了问题，花了大价钱从鬼门关跑回来，然后开始意识到抽烟喝酒是不好的，于是戒烟戒酒，这也算是一种改变，因为特定的经历让他发现原来自己的所作所为是不对的。

每个人一生中都会有经历这些事情的时刻，只是有些人懂得总结和反省自己，从而让生命中发生的每一件事情都能给自己的人生加分，而很多人不会反省和检讨自己，事情发生了就发生了，经历了就经历了，所以人生还是一样没有任何的改变！

有些人害怕改变，所以怕去面对，因而没有经历。

比如说某人害怕结婚之后会离婚，就宁愿选择不结婚，这样也就可以不用面对离婚的痛苦……不知你身边有没有这样的人呢？

有些人害怕失败，就选择不去行动，一生无所作为，没有大成功也没有大失败，一生碌碌无为，平淡无奇。

有些人害怕被人拒绝，选择不去要求，别人也不知他真实的想法，不会满足他，也不会拒绝他，他就这样什么都得不到。

有些人害怕情感的伤害，选择不去恋爱，不愿付出真爱，也不愿接受别人的爱。他把一生幸福寄托在"缘分"这个借口上，一生当中不断地错过，等青春不在，身边的人一个个都结婚生子了，于是在家人和朋友的压力下，匆匆找了一个不爱的人草草结婚，一辈子遗憾。

如果害怕无法成功，就应该立刻采取行动，我一直认为早失败总比晚失败要好，越年轻失败就越有翻盘的机会，而我的团队中这么多年轻的伙伴都是因为经历失败，而最终翻盘实现了自己人生的目标。

相信这本书会是你人生的一面镜子，让你突破思维的限制。我记得北京大学的校训是"行胜于言"，一直让我铭记于心，只有真正的行动才能创造结果，语言是苍白无力的。亲爱的读者朋友们，让我们走出害怕失败的阴影，迈开行动的步伐，让我们用新的生命迎接美好的明天！我相信下一个成功者就是你！